SANDRINE GABET PUJOL

PRÉFACE DE FLORIAN SAFFER

MAIG… T,
AV…
LE *MINDFUL EATING*

Poids libérés,
équilibre retrouvé

JouVence

De la même autrice aux Éditions Jouvence :

Petit Cahier d'exercices : lever les obstacles à la perte de poids
Mon Cahier poche : Tout le monde dit que je maigris…
Je décide d'y réfléchir !
Mon Cahier poche : Je me libère des poids qui me pèsent
pour mincir enfin !
Mon Cahier poche : Je régule mon poids selon les thérapies
comportementales et cognitives

ÉDITIONS JOUVENCE
France : BP 90107 – 74160 Saint-Julien-en-Genevois Cedex
Suisse : Route de Florissant, 97 – 1206 Genève
Site Internet : www.editions-jouvence.com
Mail : info@editions-jouvence.com

Catalogue gratuit sur simple demande

ISBN : 978-2-88953-570-5

Maquette de couverture : Antartik
Dessin de couverture : Louise Laurent @Lavilletlesnuages
Mise en pages : SIR
Illustrations : AdobeStock : page 60 : ©pizzastereo, ©durantelallera, ©pikovit ; page 63 : ©4zevar ; page 67 : ©Biletskiy Evgeniy ; page 68 : ©rangizzz, ©scooperdigital, ©MAGDALENA ;page 69 : ©andreiuc88, ©Algol, ©Lulu Berlu

Sommaire

"You can't stop the waves,
but you can learn to surf."[1]
Jon Kabat-Zinn

*Professeur émérite de médecine à la faculté de médecine de l'université du Massachusetts, docteur en biologie moléculaire, fondateur de la Clinique de réduction du stress et du Centre pour la pleine conscience en médecine, Jon Kabat-Zinn a grandement contribué à la diffusion de la méditation de pleine conscience (*mindfulness meditation*) dans le monde et de son utilisation dans le cadre thérapeutique des soins, par les professionnels de santé.*

Merci à MÉDITERRASURF de nous accompagner, mes patients et moi, dans un cadre thérapeutique, à surfer des vagues qui nous paraissaient insurmontables…

Merci, Medhi, de dissoudre le handicap et la maladie dans l'eau de la Méditerranée…

Merci de nous faire expérimenter lors de chaque session de surf que :

1. *« Vous ne pouvez pas arrêter les vagues, mais vous pouvez apprendre à surfer. »* Jon Kabat-Zinn

« Guérir, c'est arriver à accepter les choses telles qu'elles sont, plutôt que de s'acharner à vouloir qu'elles soient telles qu'elles étaient, ou telles que l'on voudrait qu'elles soient pour se sentir en sécurité ou pour que les choses se passent à notre manière. »

Jon Kabat-Zinn

« La vie de tous les jours est le jardin où nous pouvons planter la graine de la personne que nous voulons devenir. »

Jon Kabat-Zinn

Chers lecteurs, si ce livre est entre vos mains aujourd'hui, si ce livre vous parle et vous touche, c'est grâce à Maxime… Attentif et prévenant, avec toute la fougue de l'adolescence et en même temps, avec toute sa sensibilité, voilà quinze ans qu'il m'offre un soutien inconditionnel dans mes projets les plus fous, dans les moments douloureux, comme dans les plus beaux moments de vie. Être sa mère est chaque jour plus inspirant… Merci, Maxime, de m'avoir offert le temps et les conditions nécessaires pour réaliser ce livre.

« Lorsque tu te lèves le matin, pense au précieux privilège que tu as d'être vivant, de penser, de sentir, de toucher et d'aimer. »

Marc Aurèle

Préface

La relation que nous entretenons avec notre image corporelle n'est pas toujours simple. Des travaux montrent que, dès 6 ans, près de la moitié des petites filles désirent être plus minces et cela indépendamment de véritables problèmes de poids[2]. La majorité des adolescents (71 %) déclarent contrôler leur poids. En France, 75 % des femmes âgées de 18 à 65 ans ont déjà suivi un régime amaigrissant. Enfin, deux tiers des femmes ayant un poids normal se trouvent trop grosses et voudraient perdre en moyenne cinq kilos[3]. Même si la situation est moins spectaculaire chez les hommes, 27 % des hommes de poids normal souhaitent également « peser moins » et 18 % des hommes ont déjà fait un régime entre 15 et 25 ans.

2. *L'Enquête québécoise sur la santé des jeunes du secondaire 2010-2011*. Institut de la statistique du Québec.

3. Masson Estelle, « Le mincir, le grossir et le rester mince. Rapport au corps et au poids et pratiques de restriction alimentaire », *Cahiers de l'OCHA*, n° 10, 2004, p. 26-46.

Cette relation compliquée à l'image corporelle est largement exploitée par l'industrie de l'*amaigrissologie*[4]. Chaque année, les Français dépensent trois milliards d'euros pour tenter de mincir[5].

Concernant la réponse des soignants ou apparentés, elle se traduit encore trop souvent par la pratique de régimes amaigrissants ou ses nombreuses variantes : programme alimentaire, rééquilibrage, coaching minceur… Cette logique considère le corps comme un système « calorifique » simple ; la perte de poids s'obtient par un apport en calories inférieur aux besoins journaliers.

Cette logique impose donc un contrôle mental de son alimentation. La perte de poids qui en résulte est obtenue au prix de déséquilibres multiples. Le premier déséquilibre est physiologique, le corps se retrouve dans un état

4. *Amaigrissologie* : néologisme désignant l'attitude de certains professionnels consistant à considérer la problématique de poids comme étant due à un déficit de volonté. Le paradigme de l'*amaigrissologie* considère donc que mincir n'est qu'une question de choix et d'effort à fournir. Par extension, l'*amaigrissologie* désigne également l'ensemble du business associé à la pratique des régimes (F. Saffer, 2020).
5. Étude de l'institut d'études économiques Xerfi pour 2011.

de dénutrition et de perturbations hormonales : les hormones de la faim augmentent avec le temps, entraînant inexorablement des pertes de contrôle alimentaire. La seconde perturbation est émotionnelle. Une des fonctions de la nourriture est de nous apporter de la satisfaction. L'accumulation de frustrations vient s'ajouter aux dérégulations physiologiques, ce qui, dans les faits, majore les risques d'excès alimentaires. S'ajoutent à cela des perturbations sociales : partager un bon repas entre amis ou en famille fait partie de l'équilibre global de chacun. Dans la logique de l'*amaigrissologie*, un bon repas convivial est considéré comme un écart, une erreur, un repas à rectifier par une augmentation du contrôle mental dans les jours suivants. Mais, finalement, la perturbation la plus importante est le déséquilibre que nous pouvons observer dans la relation que nous entretenons avec nous-mêmes. Le problème que nous tentions de résoudre prend de plus en plus de place et le poids devient un facteur d'anxiété permanent.

Lorsque le poids est supérieur à la dernière pesée, la culpabilité qui en résulte amène à adopter deux réactions : contrôle ou résignation, ces deux réactions formant les deux faces d'une même pièce. La baisse des chiffres quant à elle entraîne un bref soulagement qui laissera vite sa place à la peur que cela ne dure pas ou que le poids remonte.

Chaque repas devient coupé du moment présent, les choix alimentaires n'étant plus déterminés par notre connexion à notre corps ici et maintenant, mais par une série de règles en lien avec nos prises précédentes ou futures et nos objectifs de poids.

« *Vu que j'ai mangé des frites ce midi, je dois manger léger ce soir* », « *Si je veux atteindre mon objectif de -2 kilos, je dois limiter ma consommation de féculents le soir* ». Cette rupture avec le moment présent s'observe notamment lors de la consommation d'aliments jugés trop caloriques. L'expérience sensorielle agréable et ses vertus régulatrices sur notre humeur sont gâchées par l'invasion de pensées jugeantes, de nouvelles règles de contrôle ou de résignation.

Le corps est également pensé comme un objet du passé ou du futur (le corps désirable que j'avais ou que j'aimerais avoir). Il en résulte que le corps est mis de côté, désinvesti, jugé… Ces perturbations peuvent être perçues comme des séries de cercles vicieux amenant à une perte de vitalité et des perturbations de l'équilibre personnel.

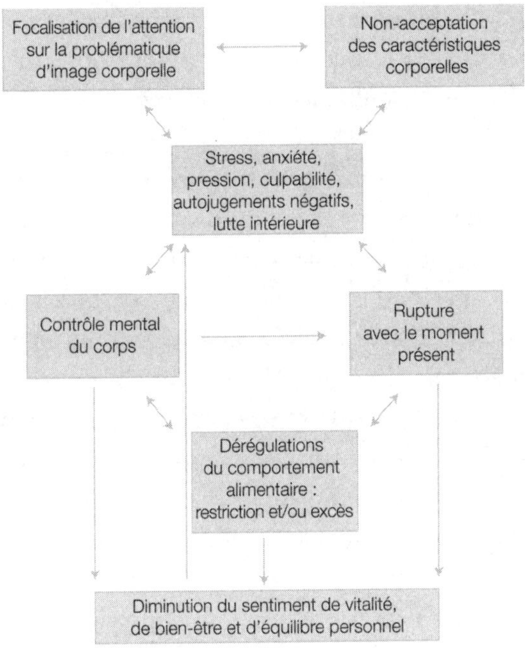

Le cercle vicieux du contrôle corporel, F. Saffer, 2020

Depuis quelques années, des approches dites « psychocomportementales » cherchent justement à sortir de ces cercles vicieux et à proposer des outils visant à retrouver une relation à soi, à l'alimentation et à son image corporelle sereine.

Ces approches inspirées de la psychologie comportementale tendent à développer ce que les psychologues appellent la « flexibilité psychologique ». Cette dernière, appliquée à l'alimentation et au corps, a pour objectif de développer plusieurs compétences.

La première compétence est une reconnexion avec le corps dans le moment présent. Cette reconnexion cherche à retrouver sa capacité d'écoute des signaux corporels que peuvent être la faim, le rassasiement, les envies, mais aussi les signaux de sommeil, de fatigue ou encore les différentes expériences émotionnelles… Cette capacité à se connecter à soi et à écouter permet d'apporter une réponse adaptée et régulatrice. Elle implique également d'être en connexion avec l'expérience du vivant qui se déroule à chaque instant. Apprécier un bon repas, un coucher de soleil, une étreinte… en d'autres termes, savourer le moment présent !

La seconde compétence consiste à prendre de la distance avec notre mental. Sur les 40 à 60 000 pensées que nous avons quotidiennement, un certain nombre d'entre elles nous amène à être trop durs envers nous, à nous focaliser sur nos difficultés, à nous mettre la pression ou à nous fixer des objectifs inatteignables. Mettre en évidence ces pensées et s'en détacher progressivement favorise une relation à soi basée sur la bienveillance.

La troisième compétence est centrée sur l'augmentation de notre capacité à accueillir nos émotions afin de les réguler. Lorsqu'une émotion désagréable nous traverse, deux attitudes problématiques peuvent en résulter. Nous pouvons être en réaction à notre émotion, par exemple la culpabilité d'un excès alimentaire m'amenant à me restreindre drastiquement au repas suivant. La seconde réaction est l'évitement ou le contrôle du ressenti. Penser à autre chose, éviter les situations pouvant générer ce type d'émotions, fumer pour se calmer, manger pour ne pas réfléchir…

Toutes ces stratégies ont tendance à très bien fonctionner à court terme. Ce qui nous pousse d'ailleurs inconsciemment à les maintenir. Toutefois, ce contrôle ou ces évitements viennent souvent majorer la détresse émotionnelle. Apprendre à faire la paix avec nos jugements, nos complexes, nos expériences d'insatisfaction corporelle n'est pas toujours simple, mais en permettant à ces expériences de nous traverser avec curiosité, nous pouvons progressivement stopper la lutte qui peut se dérouler en nous et retrouver des comportements adaptés.

La dernière compétence consiste à reprendre le contrôle de sa vie et à orienter nos actions afin que ces dernières augmentent notre sentiment de vitalité, de sérénité et de cohérence avec nos valeurs.

Manger redevient un acte libre, la nourriture est à nouveau une amie qui va pouvoir répondre à nos besoins, qu'ils soient physiologiques, émotionnels ou symboliques. Le corps recommence lui aussi à être un objet vivant que l'on peut investir totalement, dont on peut prendre soin avec clémence et gratitude.

Le livre de Sandrine Gabet Pujol présente avec justesse, bienveillance et pédagogie le mode d'emploi parfait pour renouer un rapport apaisé avec la nourriture. Il représente à ce jour le livre le plus abouti sur ce sujet. En le lisant, mon cœur s'est empli de joie et d'optimisme. Chaque personne lisant cet ouvrage sera nourrie de conseils bienveillants. Mon souhait le plus profond est qu'il puisse être feuilleté par toutes les personnes soucieuses de prendre soin d'elles.

Florian Saffer
Diététicien, nutritionniste,
directeur du Centre de formation
en diététique comportementale

Introduction

Je fais le point !

Laissons émerger vos représentations

Il est important que nous accueillions ensemble vos représentations, pour recueillir ce qui a du sens pour vous dans l'action de manger. Partir de ce qui vous paraît sensé vous permettra certainement d'évoluer.

Au cours de ce livre, vous pourrez acquérir des notions plus justes et vous approprier du vocabulaire.

Pour certains, cela sera facile. Pour d'autres, cela le sera moins : soyez serein avec cela, il n'y a pas d'échec, il n'y a que des expériences… Et rassurez-vous, au fil de votre lecture, beaucoup de choses vont bouger, même si cet exercice vous paraît compliqué… Les notions qui vous semblent problématiques vont probablement évoluer.

Le mot de Nicolas Sahuc[6]

Peut-être avez-vous observé que les tentatives de contrôle du poids n'ont pas réglé le problème ? Peut-être découvrirez-vous au fil de ces pages que « lâcher prise » sur le poids permet d'investir son énergie dans un travail de fond, aboutissant à un plus grand épanouissement et à un réel mieux-être ?

Qu'est-ce que manger pour vous ?

Pour répondre à la question, notez dans l'espace ci-contre tous les mots qui vous viennent à l'esprit, comme dans un *brainstorming*.

6. Nicolas Sahuc, auteur de la postface de cet ouvrage, est diététicien nutritionniste spécialisé dans les troubles alimentaires et l'obésité.

Quel sens a pour vous l'action de manger ?

Pour moi, manger signifie........................

....

Dans l'acte alimentaire, voyez-vous une notion :

☐ éducative ;

☐ sociale ;

☐ culturelle ;

☐ autre ?

« Il est plus difficile de désagréger
un préjugé qu'un atome. »
Albert Einstein

Nous reviendrons sur l'émergence de vos représentations à la fin du livre, pour observer comment elles auront évolué, et vous constaterez si elles ont changé ou non.

Vous avez pris conscience du sens que manger a pour vous ; je vous propose maintenant de vous pencher sur les attentes que vous avez en lisant cet ouvrage.

Quelles sont mes attentes par rapport à ce livre ?

Qu'est-ce que je souhaite trouver dans ce livre ?

Notez ci-dessous tout ce qui vous vient à l'esprit. Vous pouvez laisser des branches vides ou en ajouter.

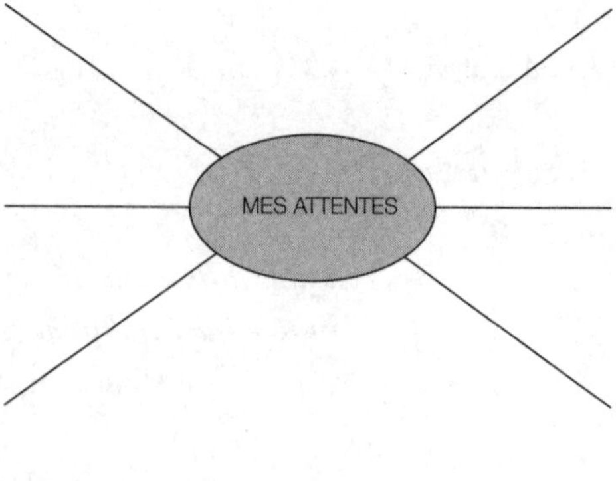

Ensuite, numérotez chacune de vos attentes, de la plus importante (N° 1) à la moins importante (N° 4). Vous pouvez prendre exemple sur la *mind map* d'Axelle ci-dessous.

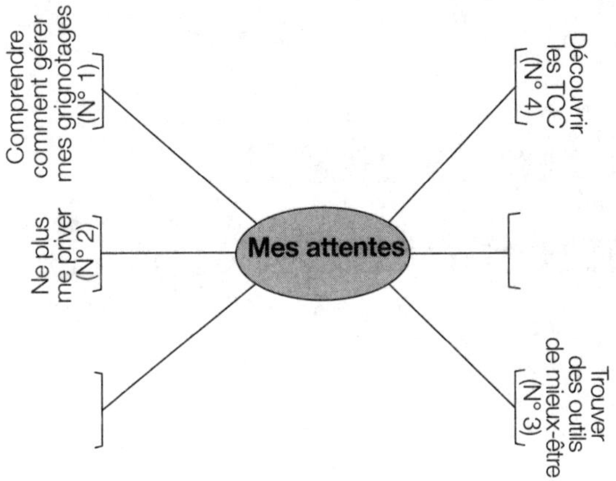

Qu'est-ce que j'aimerais ajouter/retirer/changer à ma vie actuelle pour qu'elle soit plus satisfaisante ?

....

....

De quoi ai-je besoin pour me sentir mieux aujourd'hui ?

....

....

Chapitre 1

Quels sont mes craquages ?

Grignotages, compulsions, hyperphagie, boulimie… Définir mes craquages

Comment je mange ?

J'observe mon comportement alimentaire et je repère ce qui me pose un problème en cochant parmi les propositions suivantes celles qui me correspondent.

- ☐ J'évite de consommer des « aliments plaisir » parce qu'ils sont trop caloriques et, après m'être privé, je craque et j'en mange parfois trop.
- ☐ Lorsque je commence à manger un aliment plaisir, c'est comme si on appuyait sur un bouton « *play* » : je n'arrive plus à m'arrêter et je finis le paquet.
- ☐ J'ai la sensation de perdre le contrôle avec la nourriture : je mange sans faim et sans fin.
- ☐ Je peux manger de grandes quantités, jusqu'à l'écœurement.
- ☐ Je sors souvent de table avec l'estomac trop plein et une gêne au niveau digestif.
- ☐ Lorsque je sens des odeurs de nourriture (passage devant une boulangerie, passage devant un marchand de crêpes, préparation du repas), il faut que je mange.

- ☐ J'ai souvent des compulsions alimentaires : je me sens poussé à consommer des aliments, de manière inflexible.
- ☐ Je ressens de l'impulsivité face à l'alimentation : quand je pense à manger, il faut que je mange immédiatement et rapidement.
- ☐ Je mange sans faim de petites quantités plusieurs fois par jour entre les repas.
- ☐ Je grignote.

Pourquoi je mange ?

Je repère les causes en cochant parmi les propositions suivantes celles qui me correspondent.

- ☐ Si je suis triste, énervé, en colère ou stressé, il faut absolument que je mange des aliments « plaisir » pour arriver à m'apaiser.
- ☐ D'un coup, je ressens des envies irrépressibles de manger et, tant que je n'y cède pas, cela m'obsède.
- ☐ Lorsque je vois de la nourriture (parfois même à la télévision), j'ai des envies de manger et je craque, puis je culpabilise.
- ☐ Je finis toujours par me jeter sur les aliments que j'essaye de m'interdire.
- ☐ Lorsque l'heure du repas ou du goûter approche, je pense à manger même si je

n'ai pas tellement faim. Et il faut que je mange parce que c'est l'heure.

- ☐ Je finis toujours mon assiette, même si je n'ai plus faim : c'était la règle lorsque j'étais enfant.
- ☐ Être à table est un pur moment de plaisir et je mange de grandes quantités jusqu'à ne plus en pouvoir.
- ☐ J'ai fait des régimes auparavant et, maintenant, lorsque je vois un aliment « interdit » par le régime, je craque.

Réécrivez sur une feuille à part les phrases des items que vous avez cochés, puis classez-les du plus intense (et fréquent) au plus faible (et rare).

Est-ce que vous vous reconnaissez totalement dans ces phrases ?

Oui/Non

Existe-t-il d'autres phrases qui ne sont pas notées précédemment et que vous vous dites ?

Oui/Non

Lesquelles ?

....

....

Le point commun de chacun de ces items est que toutes ces prises alimentaires ont lieu alors que la sensation de faim n'est pas présente : absence de creux à l'estomac, de gargouillements, de baisse d'énergie…

Percevoir mes sensations corporelles

Pour mieux percevoir les sensations corporelles (telles que la faim ou la satiété), je vous propose de réaliser un ***bodyscan*** (scan corporel) en pleine conscience.

L'intention du scan corporel est de nous aider à apprendre à être pleinement présents et conscients des sensations physiques de notre corps, quelles qu'elles soient à chaque instant : agréables ou désagréables, intenses ou totalement absentes dans certaines régions du corps. Il n'y a pas de « bonne façon de sentir » ; il s'agit simplement d'accueillir et de s'autoriser à ressentir ce qui est là, avec curiosité, douceur et gentillesse.

Nous allons cultiver notre capacité à déplacer notre attention à travers le corps, en rétrécissant et en élargissant le focus. Ne cherchons pas à nous relaxer. Permettons à nos pensées et à nos jugements critiques d'aller et venir, sans tenter de les attraper ni de les repousser.

Scan corporel en pleine conscience

Chers lecteurs, je vous invite à scanner le QR code ci-contre, afin **d'expérimenter en direct une guidance de méditation**… Vous pouvez également utiliser le lien suivant : https://bit.ly/2V9Icc4

Installez-vous confortablement. Couché sur un tapis, dans un endroit silencieux (ou assis, le dos droit, voire debout si cela vous permet de mieux prendre soin de votre corps) : ajustez la posture afin qu'elle soit la plus confortable pour vous.
Prenez de quoi soutenir vos épaules, vos genoux ou votre dos (coussin) pour soulager les tensions du bas du dos.
Restez éveillé, en alerte et dans la présence de ce qui se passe à chaque instant.
Permettez à ce temps d'être nourrissant, ressourçant. Permettez à votre souffle d'être confortable.

…

…

En fermant doucement les yeux ou en les gardant mi-clos si c'est plus confortable, devenez conscient des zones de contact physique de votre corps avec le tapis ou le sol.

Prenez conscience de tout le corps de la tête aux pieds : où ressentez-vous des sensations de douleur et de légèreté ?

Maintenant, concentrez-vous sur la respiration. Ne cherchez pas à la modifier. Observez le déplacement de l'air entrant et sortant du corps.

Lorsque vous vous sentez prêt, dirigez votre attention sur l'abdomen, qui se gonfle à l'inspiration et se dégonfle à l'expiration.

Vous pouvez placer vos mains sur le ventre pour mieux ressentir le mouvement.

Remarquez comment votre corps, votre tête, votre front, votre mâchoire, vos épaules arrivent à se relâcher à chaque inspiration.

Notez juste l'endroit du corps où vous ressentez un peu mieux la respiration : le ventre, le diaphragme, la poitrine…

Attardez-vous maintenant sur vos sensations internes : comment votre corps se sent-il vraiment ? Passez en revue toutes les parties de votre corps, du haut vers le bas, pour les ressentir chacune : le poids de la tête, les muscles

…

…
du visage, la position de la langue, puis la nuque, le cou, les épaules, le dos. Pointez le projecteur de votre conscience sur le haut de votre colonne vertébrale et faites-le descendre. Où votre corps se sent-il détendu et confortable ? Où se sent-il gêné ? Où est-il neutre ? L'abdomen, l'estomac, les reins, le bassin… Explorez chaque sensation, puis descendez dans votre jambe droite, les genoux, la cheville, le gros orteil. Sentez-vous votre chaussette ? L'air ? Puis balayez la jambe gauche ; les sensations sont-elles différentes ?
Si votre esprit s'égare, ramenez-le gentiment aux sensations du balayage corporel. Que ressent votre peau ? De l'air chaud ? Froid ? La texture des vêtements ?
Lorsque vous serez prêt, vous pourrez ouvrir doucement les yeux et vous étirer si vous en ressentez le besoin.

Qu'avez-vous observé ? Avez-vous noté les sensations ressenties dans les différentes parties de votre corps (tête, nez, abdomen, orteil…) ? Que ressentez-vous lorsque vous avez faim ? Quels sont les signaux dans votre corps ?

En relisant les items que vous avez cochés précédemment, déterminez :

- quels sont vos craquages ;
- quelles sont les prises alimentaires consommées sans faim (en l'absence de signaux physiologiques) ;
- si la notion de « manger sans faim » est plus palpable pour vous. Si ce n'est pas tout à fait le cas, nous reviendrons plus précisément sur cette notion un peu plus loin…

Mettre des mots sur mes craquages

Nous constatons souvent que beaucoup de mots sont utilisés lorsqu'une personne essaye de décrire les problèmes rencontrés avec son alimentation : grignotage, compulsion, boulimie, hyperphagie… Mais ces mots sont-ils employés de manière juste ?

Pour chaque craquage, proposez la définition qui lui convient.

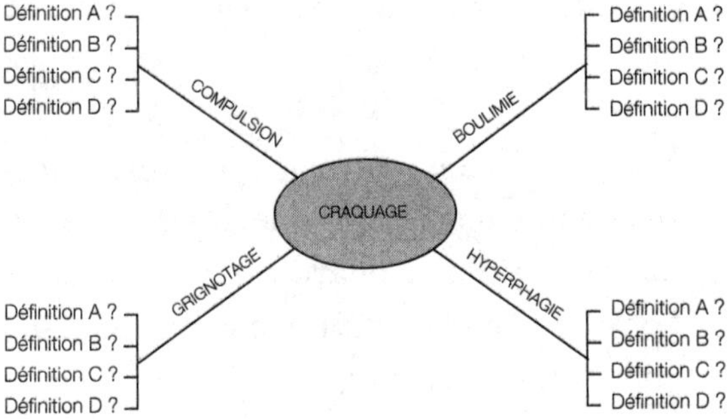

Définitions

A. Prise alimentaire plus ou moins régulière, en dehors des repas. Ces petites prises fragmentées apportent moins de 25 % des apports nutritionnels de la journée, ce qui les distingue du repas. Elles ne sont pas liées à une sensation de faim, ce qui les différencie de la collation.

B. Acte que le sujet est forcé d'accomplir et auquel il ne peut résister sans angoisse. Chaque crise est faite de l'ingestion assez importante et rapide d'aliments, sans faim ni rassasiement, avec un sentiment de perte de contrôle.

Les pulsions alimentaires sont caractérisées par cette urgence à manger beaucoup, à « se remplir », comme pour combler un vide. C'est un moment où l'on perd tout contrôle sur son comportement et où l'on se sent impuissant face à cette envie de manger.

C. Ingestion de quantités de nourriture supérieures à ce que l'organisme dépense, entraînant une prise de poids, menant souvent à l'obésité. C'est l'un des troubles des conduites alimentaires (pathologie).

D. Augmentation pathologique du besoin de nourriture, sans nécessairement ressentir la faim. Elle est la plupart du temps suivie par un sentiment très fort de colère ou de dégoût de soi. L'individu peut avoir recours à certains actes en vue de stabiliser son poids, tels que la provocation du vomissement, l'utilisation inappropriée de laxatifs et/ou de diurétiques, la pratique excessive de sport et une restriction alimentaire très sévère. Il s'agit d'un trouble des conduites alimentaires (pathologie).

Réponses
Grignotage/définition A
Compulsion/définition B
Hyperphagie/définition C
Boulimie/définition D

Cochez les facteurs déclencheurs de vos prises alimentaires lorsque vous n'avez pas faim.

- ☐ L'exposition à la nourriture, la vue, l'odeur.
- ☐ La difficulté à gérer des émotions (je mange pour me calmer).
- ☐ Les injonctions, les règles, l'habitude (« C'est l'heure, il faut manger », « Il faut finir l'assiette », « Je dois finir mon repas par un fruit même si je n'ai plus faim »…).
- ☐ La restriction cognitive (je me prive d'aliments plaisir parce qu'ils sont trop riches, puis, par moments, je craque).
- ☐ Autre :

....

....

Nous reprendrons l'analyse de ces items dans les chapitres à venir.

Le mot de Nicolas Sahuc

Si vous souffrez d'un Trouble du Comportement Alimentaire (TCA : boulimie, hyperphagie…), n'hésitez pas à consulter des professionnels de santé spécialisés (psychiatres, psychologues, diététiciens spécialisés, équipes de soins, centres experts…).
Voir la FFAB (Fédération Française Anorexie Boulimie) www.ffab.fr

Chapitre 2

Quelle relation ai-je avec mon assiette ?

À l'issue de cette réflexion autour de votre relation avec votre assiette, vous aurez le pouvoir de travailler sur votre comportement alimentaire, de lever certaines difficultés et de devenir la personne que vous souhaitez être : une meilleure version de vous-même !

Je vous propose de lire les quatre propositions suivantes et de repérer si vous vous reconnaissez :

- totalement dans l'une d'entre elles ;
- partiellement dans plusieurs à la fois ;
- totalement dans plusieurs d'entre elles.

Proposition 1

Relation à l'alimentation

Je n'aime pas les restaurants gastronomiques, car la quantité me paraît insuffisante.

Décodage

Vous aimez manger, mais vous ne prenez pas le temps de déguster vos aliments, d'analyser les saveurs, les arômes, les odeurs…

Vous mangez en réalité sans plaisir. Vous mettez en avant la notion de quantité, car c'est dans la quantité et dans la sensation de plénitude gastrique (voire l'inconfort gastrique lié à la surconsommation de nourriture) que vous pouvez vous apaiser.

Comportement alimentaire type

Je consomme des prises alimentaires importantes aux repas. Je mange parce que c'est l'heure, et non pas parce que je ressens la sensation de faim. Je dépasse mon seuil de satiété : je ne peux pas m'arrêter de manger au moment des repas. Je mange vite : il s'agit d'hyperphagie prandiale.

Conseil

Le premier objectif est de travailler sur l'écoute et le respect des sensations alimentaires : la faim et la satiété. Lorsque la sensation de faim physique (creux à l'estomac) est ressentie, c'est que l'organisme a besoin d'énergie. Donc la prise alimentaire sera brûlée. Mais il est indispensable de respecter la sensation de satiété : le moment de la prise alimentaire où la faim disparaît. À ce moment-là, le métabolisme n'est plus en mesure de brûler les calories ingérées et le surplus sera stocké. Donc, mangez avec faim et recherchez votre satiété.

L'objectif second est de remplacer le plaisir de la quantité par le plaisir de la qualité. Vous pouvez travailler sur les protocoles de dégustation, pour rééduquer vos sens, afin de mettre tous vos mécanismes attentionnels en exergue face aux aliments. Cet exercice permet de prendre conscience que lorsque nous avons des odeurs agréables plein le nez, des saveurs plein les papilles, des textures et des arômes différents en bouche, alors une quantité plus petite suffit à satisfaire notre plaisir[7] et à soulager notre envie.

Je vous propose un protocole de dégustation approfondie, tiré de la formation que j'ai réalisée auprès du Groupe de réflexion sur l'obésité et le surpoids (GROS), avec le Dr Jean-Philippe Zermati, en 2010. Cet exercice est à pratiquer avec les trois premières bouchées du repas. Je vous conseille de réaliser quelques respirations en pleine conscience avant de démarrer.

---

7. La stimulation des sens entraîne une sécrétion de dopamine par le cerveau. La dopamine est l'hormone du plaisir et lorsque tous ses récepteurs sont saturés, l'envie est comblée et s'arrête.

Avant ingestion

	– Description – Note de qualité gustative (0 à 10) – Que faudrait-il ajouter ou retirer à cet aliment pour augmenter sa note de qualité gustative ?
Vue	
Odeur	
Toucher	
Ouïe	

Vous pouvez mettre l'aliment en bouche. Conservez l'aliment en bouche sans le mastiquer, puis croquez et repérez l'évolution des sensations gustatives au cours de la dégustation.

Après ingestion

	– Description – Note de qualité gustative (0 à 10) – Que faudrait-il ajouter ou retirer à cet aliment pour augmenter sa note de qualité gustative ?
Vue	
Odeur	
Texture ; consistance ; température	

Saveur (sucré, salé, amer, acide) ; perception du gras	
Ouïe	
Longueur en bouche	
Temps gardé en bouche	
Appréciation par rapport aux attentes : – meilleur ? ; – moins bon ? ; – conforme ?	

Voici l'exemple de la dégustation approfondie de Jo, présentant un comportement alimentaire du type « hyperphagie prandiale ». Il déguste un magret de canard au miel, présenté avec sa poêlée de légumes et son panier de frites maison.

Avant ingestion

	– Description – Note de qualité gustative (0 à 10) – Que faudrait-il ajouter ou retirer à cet aliment pour augmenter sa note de qualité gustative ?
Vue	9 Il y a de jolies couleurs orangées et vertes. Les légumes semblent fermes et le magret est ovale, quelques tranches sont prédécoupées, il est quadrillé côté peau et doré. L'intérieur est rouge vif. Je ne changerais rien !

Odeur	4 L'odeur des petits légumes, et notamment du navet, prend le pas sur l'odeur du magret. Je retirerais les navets.
Toucher	8 La peau du magret est croustillante et lorsque je pique la fourchette dans le magret, celui-ci est très tendre.
Ouïe	2 Je ne perçois pas de bruits particuliers en coupant le magret, même si sa peau est croustillante sur le plan de la texture. En revanche, les frites font un petit bruit lorsque je les coupe.

Après ingestion

	– Description – Note de qualité gustative (0 à 10) – Que faudrait-il ajouter ou retirer à cet aliment pour augmenter sa note de qualité gustative ?
Vue	5 Le plat entamé est moins joli…
Odeur	9 Je perçois mieux l'odeur du magret lorsque je l'ai en bouche, certainement par rétro-olfaction : je suis surpris !
Texture ; consistance ; température	/

Saveur (sucré, salé, amer, acide) ; perception du gras	10 J'apprécie mieux la texture en bouche : chaud, humide et fondant à la fois… Salé, avec l'arôme du canard qui se dégage sur mes papilles, juste comme il faut, et le petit côté ferme de la peau un peu grasse me ravit. Je retrouve la saveur sucrée de la sauce au miel qui arrive en bouche dans un deuxième temps : le sucre se perçoit sur le bout de ma langue.
Ouïe	4 Le magret ne produit pas de bruit particulier, mais les frites croquent lorsque je les coupe entre mes dents.
Longueur en bouche	6 Le goût du magret reste plus de cinq secondes en bouche, après que je l'ai avalé.
Temps gardé en bouche	J'ai pris le temps de le mâcher environ huit à dix secondes pour en extraire tous les arômes.
Appréciation par rapport aux attentes : – meilleur ? ; – moins bon ? ; – conforme ?	9 Je ne prends jamais le temps de déguster mes plats. J'avale tout de l'entrée au dessert. Du coup, ce magret m'apparaît bien meilleur que d'habitude ! Finalement, j'ai mangé plus doucement ce plat et je ne l'ai pas terminé, sans frustration. J'ai pu percevoir ma satiété et je m'étais suffisamment régalé : l'envie de manger était redescendue.

Proposition 2

Relation à l'alimentation

Je suis dans la culpabilité permanente envers les aliments. Je suis tiraillé entre la lutte contre mes aliments plaisir, la frustration de m'en priver, et la culpabilité d'avoir perdu le contrôle et d'avoir mangé…

Décodage

Les problèmes de compulsions, de prises alimentaires importantes, dans un laps de temps relativement court, à n'importe quel moment de la journée, entraînent un surpoids, et cela vous affecte, tant sur le plan de la santé que sur l'aspect physique et psychologique.

Ces compulsions ont lieu alors que votre métabolisme n'est pas en mesure de brûler ces calories (puisque la sensation de faim est absente). L'organisme va donc stocker ces apports caloriques (puisque la satiété est, elle aussi, largement dépassée). Ces prises alimentaires sont directement liées à la restriction cognitive (régime, privation). Ce sont donc ces compulsions qui ont une responsabilité dans le surpoids. Ainsi, plus vous tenterez de vous priver, plus vous serez en proie à des compulsions alimentaires, sans faim et sans fin.

Comportement alimentaire type

Je me mets en restriction cognitive, au régime, par peur de grossir, en m'interdisant des aliments que je pense trop caloriques. La frustration générée par ces privations à répétition entraîne le développement de compulsions : je vais m'autoriser la consommation d'un aliment, calorique ou non, et perdre le contrôle. Je vais en consommer une grande quantité dans un délai très court, à n'importe quel moment de la journée.

« Je suis en perte de contrôle en voulant contrôler en permanence » : ce trouble du comportement alimentaire s'appelle l'hyperphagie boulimique, et c'est très souvent l'étape qui précède l'hyperphagie boulimique émotionnelle.

Conseil

Il est nécessaire de réintroduire les aliments plaisir que vous avez *blacklistés* du fait de vos croyances alimentaires. Ces réintroductions se font selon le protocole de dégustation au moment précis où vous ressentez la faim physique. Il est également important de travailler sur la restructuration cognitive : prendre conscience que si vous ressentez la faim, vous pouvez manger l'aliment que vous souhaitez, car votre organisme est prêt à brûler les calories apportées. Dès que vous ressentez la satiété, vous pouvez essayer de vous arrêter, ainsi il n'y aura pas de calories stockées. De ce fait, il n'y a pas d'aliments interdits.

De la même façon, vous pouvez prendre conscience que si vous avez faim pour 80 kcal – et donc qu'après avoir consommé ces 80 kcal, vous ressentirez la satiété –, que vous mangiez 80 kcal de pommes, ou 80 kcal de chocolat, c'est la même chose. Votre corps brûlera les 80 kcal !

Proposition 3

Relation à l'alimentation

Je lutte à chaque instant contre les aliments, puis je culpabilise d'avoir mangé… Et les envies de manger apparaissent plus fortes encore lorsque mon contexte de vie est émotionnellement compliqué (stress, tristesse, colère, ennui, anxiété).

Décodage

Vous êtes en restriction cognitive (en état de privation face aux aliments), car vous avez peur de grossir. Vous perdez le contrôle sur certains aliments lorsqu'une émotion difficile à gérer se présente. Vous vous sentez en situation d'échec « d'avoir craqué », et « l'estime de soi » s'en trouve affectée. « Je n'ai aucune volonté », « je suis nul »…

Vous rencontrez alors ce que l'on appelle le « trouble du réconfort » : vous mangez sous le coup d'une émotion, pour tenter d'apaiser cette émotion désagréable, mais la culpabilité d'avoir mangé et la sensation d'échec qui suivent vous ramènent dans un état émotionnel encore plus désagréable. Cet état émotionnel va augmenter le risque de perte de contrôle sur les aliments, pour tenter d'apaiser cet état, puis s'ensuivra la culpabilité, l'effondrement de « l'estime de soi »… C'est un cercle vicieux.

Comportement alimentaire type

Les compulsions sont présentes, mais ces prises alimentaires sont déclenchées par les émotions que je ressens et j'ai des difficultés à les gérer. « Je rentre d'une journée stressante au travail et je mange la tablette de chocolat » (anxiété) ; « Je me sens seule, le soir après dîner, et je mange le paquet de gâteaux sur le sofa devant la télé » (solitude) ; « Avant d'aller à cette réunion qui me fait peur, je me jette sur le paquet de chips en vente au distributeur automatique » (peur)… C'est l'hyperphagie boulimique émotionnelle.

Conseil

Accepter de réintroduire l'aliment le plus réconfortant, celui qui est le plus apprécié de chacun de vos sens, celui qui vous évoque des souvenirs agréables…

Cette réintroduction peut se faire selon le protocole de dégustation. Elle peut se réaliser au moment où la faim apparaît (uniquement si votre envie peut être différée dans le temps). Puis vous pouvez attendre de ressentir à nouveau la faim avant de manger.

Si toutefois vous ressentez le besoin de consommer votre aliment le plus réconfortant pour apaiser une émotion, alors que la sensation de faim n'est pas présente :

- vous pouvez accepter de manger votre aliment réconfortant, puis attendre sereinement le retour de la prochaine

faim – vous aurez probablement moins faim au prochain repas : c'est un mécanisme naturel de régulation de poids ;
– vous pouvez le consommer selon le protocole de dégustation (voir pages 36 et suivantes), afin qu'une plus petite quantité stimule tous les sens et permette au cerveau de synthétiser la dopamine, hormone du plaisir, et donc satisfaire et apaiser l'envie avec une quantité moins importante.

Il est alors possible d'attendre le retour de la sensation de faim avant de refaire une prise alimentaire, afin de s'assurer que l'organisme a fini de gérer l'aliment dégusté plus tôt et qu'il est prêt à brûler de nouveaux apports caloriques.

Je vous propose un protocole de dégustation du chocolat tiré des enseignements reçus lors de ma formation auprès du Groupe de réflexion sur l'obésité et le surpoids (GROS), par le Dr Jean-Philippe Zermati et l'équipe de formateurs, en 2010.

Protocole de dégustation du chocolat

Avant la dégustation, sur une échelle de 1 à 10, où vous positionnez-vous ?

• Faim

1 2 3 4 5 6 7 8 9 10

• Envie de manger

1 2 3 4 5 6 7 8 9 10

• Anxiété

1 2 3 4 5 6 7 8 9 10

Que pensez-vous du chocolat ? En général ? En ce qui vous concerne ?

REGARDER	Aspect : brillant ? Poudré ? Texture : lisse ? Rugueuse ? Couleur : marron ? Noir ? Avec des reflets ? Forme : carré ? Rectangle ?
TOUCHER	Que ressentez-vous dans vos doigts ? Texture : lisse ? Râpeuse ? Fondante ? Collante ? Température : chaude ? Froide ? Température ambiante ?

SENTIR Sans le mettre dans la bouche, sentez les différentes odeurs qui se dégagent de votre chocolat. Voici pour vous aider une liste d'odeurs, que vous pouvez retrouver dans les différents chocolats : notez les odeurs auxquelles votre chocolat vous fait penser…	Praliné, brûlé, lait, beurre, caramel, biscuit, brioche, cuir, café, fumé, terre, foin, fruits rouges, orange confite, confiture, banane flambée, miel, poivré, cannelle, vanillé, figue sèche, raisin sec, noisette, amande, noisette grillée, noix, cacahuète, noix de coco, tabac à pipe, alcool, violette…
SOUVENIR	À quoi ce chocolat et ses odeurs vous font-ils penser ? Un lieu ? Une personne ? Une période de l'année ? Un moment de votre vie ?
GOÛTER Les saveurs Les sensations trigéminales La texture	 Sucré, salé, amer, acide ? Astringence (râpeux, rugueux, asséchant), frais, brûlant, piquant… Lisse, râpeux, fondant, froid, température ambiante, collant…

Les arômes	Fumé, brûlé, torréfié, beurre, cannelle, vanillé, amande, figue sèche, terre, foin, caramel, confiture, raisin sec, brioche, fleur d'oranger, tabac à pipe, banane flambée, alcool, poivré, violette, cerise, biscuit, cacahuète, odeur animale, praliné, café, noix, lait, miel, cuir, noisette grillée, noix de coco, baies rouges, orange confite…

Comparez avec les arômes que vous venez de repérer, avec les odeurs que vous aviez notées : votre chocolat a-t-il le goût de ce qu'il sent ?

Après la dégustation, sur une échelle de 1 à 10, où vous positionnez-vous ?

- Faim

1 2 3 4 5 6 7 8 9 10

- Envie de manger

1 2 3 4 5 6 7 8 9 10

- Anxiété

1 2 3 4 5 6 7 8 9 10

Je vous invite à scanner le QR code ci-contre, afin **d'expérimenter en direct une dégustation guidée de chocolat**... Vous pouvez également utiliser le lien suivant : https://bit.ly/3dJogmL

Que remarquez-vous ?

Si « l'envie de manger » est trop impulsive, un travail sur la gestion des « émotions qui font manger » peut être envisagé (avec un professionnel de santé spécialisé dans les troubles du comportement alimentaire). Nous allons découvrir dans cet ouvrage deux outils : tirés de l'ACT (thérapies d'acceptation et d'engagement) et de la pleine conscience (*mindfulness*) pour vous aider à gérer les émotions qui provoquent en vous des « envies de manger » irrépressibles.

Proposition 4

Relation à l'alimentation

Manger constitue pour moi un plaisir sans limites.

Décodage

Vous vous dites épicurien et vous faites primer le plaisir des sens avant tout. Mais vous en oubliez d'être attentif à vos sensations alimentaires de faim et de satiété. Comme nous l'avons vu précédemment, elles permettent de réguler le poids… Et vous présentez un surpoids ou un bilan sanguin un peu altéré, généré également par la consommation d'alcool accompagnant une bonne viande ou un bon fromage…

Comportement alimentaire type

Je mange avec beaucoup de plaisir, j'aime tout ce qui a du goût, je ne m'interdis aucun aliment et, souvent, j'aime accompagner mes mets de bons vins. Je prends rarement une formule duo (entrée/plat ou plat/dessert), mais plutôt apéro, entrée, plat, fromage et dessert. Il m'est quasi impossible de refuser une invitation au restaurant. Je suis nommé « le mangeur hédoniste ».

Conseil

Soyez plus à l'écoute de votre sensation de faim (c'est le feu vert de l'organisme qui est prêt à brûler les calories) et soyez plus attentif à votre sensation de satiété (c'est le feu rouge de l'organisme qui n'est plus en mesure de brûler les calories et qui indique que tout apport supplémentaire sera stocké sous forme de graisse dans le tissu adipeux). Le mangeur hédoniste peut goûter à tous les aliments du repas, mais en petite quantité, de manière à démarrer son repas en ayant faim, tout en arrivant à satiété juste après le dessert.

« Jouissez de la vie avec sagesse et modération. »
Épicure

Je vous propose ce petit exercice qui va certainement vous chambouler dans vos représentations !

Vous avez la sensation que vous mangez en quantité parce que le goût des aliments vous plaît ? Expérimentons ensemble la notion de **plaisir alimentaire** !

Cet exercice est adapté et tiré de la formation que j'ai pu réaliser auprès du Groupe de réflexion sur l'obésité et le surpoids, en 2010, auprès du Dr Jean-Philippe Zermati.

1) Munissez-vous d'un double exemplaire de fromage ou de gâteau très apprécié (note de goût supérieure à 8/10).
2) Attendez de ressentir une faim tangible, et à la place du repas, consommez le premier exemplaire de votre aliment.
3) Remplissez le tableau ci-contre après chaque bouchée.

4) Complétez votre repas en fonction de la faim qu'il vous reste et attendez le dîner pour continuer l'expérience.

	Bouchée n° 1 - 2 - 3 - 4 - 5 - 6 - 7 - 8 - 9 - 10
FAIM 1 : je ne ressens aucun signal physique. 10 : j'ai des crampes d'estomac.	
SOULAGEMENT Le soulagement est la sensation obtenue dans les premières bouchées. Il est proportionnel à l'intensité de la faim. La note de soulagement ne peut jamais être supérieure à la note de faim. Si la faim est nulle, le soulagement est nul. 1 : ça ne me soulage pas du tout la faim. 10 : ça me soulage totalement la faim.	
GOÛT 1 : en bouche, ça ne me plaît pas. 10 : en bouche, ça me plaît beaucoup.	
SATISFACTION La satisfaction est un sentiment de bien-être résultant de l'accomplissement de ce qu'on trouve souhaitable. 1 : je ne suis pas satisfait(e). 10 : je suis très satisfait(e).	
Observations personnelles	

5) Lors du dîner, prenez votre repas habituel, dessert compris.
6) À la suite immédiate du dîner, consommez le deuxième exemplaire de l'aliment choisi, le même que celui consommé lors du repas précédent (fromage ou gâteau), et remplissez le tableau ci-dessous.

	Bouchée n° 1 - 2 - 3 - 4 - 5 - 6 - 7 - 8 - 9 - 10
FAIM 1 : je ne ressens aucun signal physique. 10 : j'ai des crampes d'estomac.	
SOULAGEMENT Le soulagement est la sensation obtenue dans les premières bouchées. Il est proportionnel à l'intensité de la faim. La note de soulagement ne peut jamais être supérieure à la note de faim. Si la faim est nulle, le soulagement est nul. 1 : ça ne me soulage pas du tout la faim. 10 : ça me soulage totalement la faim.	

GOÛT 1 : en bouche, ça ne me plaît pas. 10 : en bouche, ça me plaît beaucoup.	
SATISFACTION La satisfaction est un sentiment de bien-être résultant de l'accomplissement de ce qu'on trouve souhaitable. 1 : je ne suis pas satisfait(e). 10 : je suis très satisfait(e).	
Observations personnelles	

Que remarquez-vous ? Un même aliment va-t-il toujours procurer le même goût en bouche lorsqu'on mange attentivement ? Lorsque vous dégustez votre aliment alors que vous n'avez plus faim, cet aliment vous apporte-t-il le même soulagement, le même goût, et la même satisfaction que lorsque vous le mangez en ayant faim ?

Le plaisir alimentaire est donc la composante du « soulagement de la faim » et de la « satisfaction ».

Lorsque je réalise cette expérience avec mes patients, il en ressort qu'un aliment très prisé peut apporter beaucoup de plaisir lorsqu'il est mangé avec faim. Et mes patients rapportent souvent que lorsque leur satiété est atteinte, le plaisir devient nul. Puis ils indiquent qu'ils basculent dans l'écœurement lorsqu'ils continuent de manger et de dépasser la satiété.

Si l'on fait le lien avec l'imagerie médicale, on peut dire que lorsqu'on a faim et que l'on mange un aliment dont le goût nous plaît, on peut observer dans le cerveau les zones du plaisir s'allumer. En revanche, si l'on est au-delà de la satiété alors que l'on déguste ce même aliment, les zones du plaisir ne s'allument pas. Le plaisir alimentaire diminue et s'éteint avec l'arrêt de la faim (la satiété).

Cela signifie que les mangeurs hédonistes, qui pensent « manger trop » uniquement parce que les aliments ont bon goût et parce qu'ils leur procurent du plaisir, ont maintenant la possibilité de se poser la question en d'autres termes : qu'est-ce qui me fait manger sans faim ? Qu'est-ce qui me pousse à dépasser la satiété, alors que si je mange attentivement, je prends conscience que les aliments ne me procurent plus de plaisir en bouche ?

Pas de panique, si vous êtes dans ce cas, vous avez déjà beaucoup avancé et la suite de ce petit ouvrage vous permettra de trouver des outils pour réguler votre rapport à la nourriture !

Vous avez identifié les craquages, grignotages, ou compulsions qui sont source d'insatisfaction dans votre quotidien ? Vous avez repéré quelle relation vous avez avec la nourriture ? Nous avons vu dans les grandes lignes quelques conseils, reprenons tout cela…

Chapitre 3

Repérage et identification de mes comportements alimentaires

Qu'est-ce qui me fait manger sans faim ?

Quels sont mes signaux de faim ?

Faim *vs* envie

Représentez-vous lorsque vous avez faim, puis lorsque vous avez envie de manger.

Exemple : les représentations de Nathalie.

La faim : ***L'envie :***

Où se situent mes signaux de faim ?

Pour répondre à la question, classez sur le schéma ci-dessous les encadrés qui vous correspondent en fonction de l'intensité de la sensation : de 1 (sensation la moins perceptible) à 4 (sensation la plus perceptible). Lorsque vous avez faim, vous pouvez ressentir un seul signal d'alerte ou plusieurs.

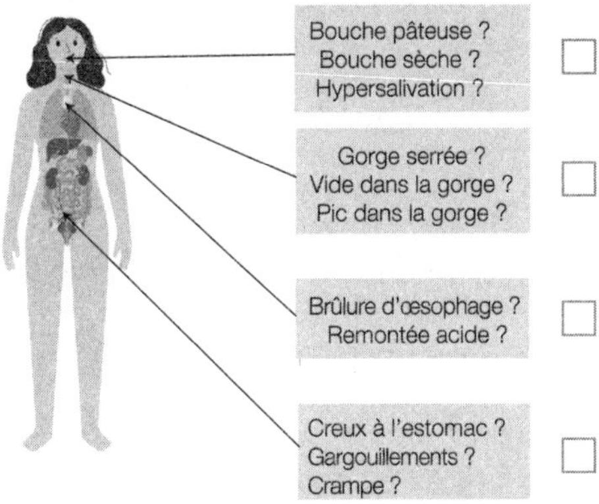

Le rôle des sensations alimentaires dans la régulation de mon poids

Faim	« J'ai un creux à l'estomac, une baisse d'énergie. » Ensemble de sensations physiques provoquées en l'absence de nourriture, qui incite l'homme ou l'animal à rechercher des aliments, et que l'ingestion de nourriture fait disparaître.
Satiété	« Je n'ai plus faim. » Sensation physique qui apparaît au moment du repas où la faim disparaît.
Rassasiement	« Je n'ai plus envie de manger. » Moment où le plaisir de manger disparaît.
Appétits spécifiques	« Depuis que je suis carencée en fer, j'ai des envies de viande. » « Après les fêtes de Noël, je n'en peux plus de la charcuterie et du chocolat, j'ai envie de manger des soupes de légumes. » « Après le sport, j'étais en hypoglycémie et j'avais envie de sucre. » Envie de manger des aliments contenant les nutriments dont notre organisme a besoin.
Set point	C'est le poids naturel, le poids pour lequel chaque individu est génétiquement programmé, c'est le poids auquel l'organisme vient se stabiliser naturellement, en mangeant de manière intuitive.

Le mot de Nicolas Sahuc

Trois points pour ajouter davantage de guidance, pour cadrer davantage sur ce concept de « faim ».

- Je vous invite à bien discerner votre « sensation de faim » de « l'état d'hypoglycémie », en observant leurs différences.
- Il est fréquent qu'en période menstruelle/prémenstruelle, les femmes observent des modifications de leur comportement alimentaire et il est normal qu'elles ressentent davantage la faim.
- Il est également fréquent de ne plus percevoir la sensation de faim lors de certains régimes et que cela dérégule le comportement alimentaire.

Pour retrouver son *set point*, ou poids d'équilibre, il est important d'attendre de ressentir la faim pour commencer à manger et de s'arrêter à satiété. Parfois, le rassasiement (qui est l'arrêt du plaisir de manger) arrive longtemps après la satiété, et donc pour aller jusqu'à l'arrêt du plaisir de manger, nous dépassons beaucoup le seuil de satiété : ce n'est pas grave, pas de culpabilité ! Il suffit d'attendre le retour de la prochaine faim qui sera plus tardive peut-être.

Je vous invite à scanner le QR code ci-contre, afin de **repérer la sensation de faim**… Vous pouvez également utiliser le lien suivant: https://bit.ly/3xjj7JW

Le fait de percevoir que le rassasiement arrive longtemps après la satiété permet de se rendre compte que l'on a peut-être mangé trop vite ou en pilotage automatique… sans être en pleine conscience de nos sensations et de nos émotions au cours du repas. Alors rappelons-nous de déguster nos aliments (vue, toucher, odorat, ouïe, goût) afin de satisfaire l'envie de manger et de nous permettre d'être plus conscients des besoins de notre corps: faim, satiété, appétits spécifiques, pour y répondre favorablement et se stabiliser au poids d'équilibre.

Les différents types « d'envies » de manger

Je vous présente sept types « d'envies » de manger (en l'absence de sensation de faim physiologique).

- **Les envies liées aux cinq sens**

– Vue: je vois la publicité d'un aliment à la télévision et cela déclenche une envie chez moi.

– Odeur : je passe à côté de la boulangerie et il flotte dans l'air une bonne odeur de pain qui cuit, j'en ai envie.

– Bruit (produit par les aliments) : j'entends la paella qui cuit dans la poêle ou les beignets en train de frire et j'ai immédiatement envie d'en manger.

– Texture : l'été, j'ai envie d'avoir en bouche la texture fraîche et lisse de la glace.

– Goût : j'ai envie d'avoir l'arôme du cacao en bouche, sa saveur sucrée…

• Les envies de manger liées aux injonctions et aux habitudes

Les consommations alimentaires « sans faim » peuvent être liées aux injonctions du type : « Finis ton assiette sinon tu n'auras pas droit au dessert » ; « On a l'habitude de manger à des heures précises : il est midi, à table ! »…

• Les envies de manger émotionnelles

Lorsque l'on cherche à réconforter une tristesse (par exemple : enfant, lorsque vous vous blessiez, on vous proposait du chocolat pour vous consoler), apaiser un stress ou se féliciter d'avoir accompli quelque chose (par exemple : lors de votre remise de diplôme, un immense banquet bien garni était présent et vous avez fêté votre réussite avec de la nourriture), pour occuper l'ennui, calmer l'anxiété… N'avons-nous pas tendance à le faire avec de la nourriture ?

Et vous, qu'est-ce qui vous pousse à manger quand vous n'avez pas faim ?

- L'envie de soulager l'un de vos cinq sens ? Pas de panique, reprenez le protocole de dégustation et vous constaterez qu'une plus petite quantité vous suffira.
- Les injonctions et les règles alimentaires qui ont été conditionnées dans votre tête depuis longtemps ? Il est possible de modifier ces habitudes en instaurant progressivement d'autres habitudes et en créant un nouveau chemin neuronal : plutôt que de suivre des règles, entraînez-vous à vous recentrer sur l'écoute de vos sensations (faim, satiété, appétits spécifiques). En ajoutant cette nouvelle habitude, vous constaterez peut-être que les anciennes habitudes diminueront progressivement et pourront évoluer.
- Le besoin de calmer vos émotions avec la nourriture ? Nous allons aborder ce point maintenant.

Quelles sont mes émotions lorsque je mange sans faim ?

Repérez sur le thermomètre des émotions quelles sont vos émotions avant et après votre prise alimentaire.

Colère	Tristesse	Surprise	Dégoût	Peur	Joie
Agacé	Abattu	Ébahi	Aigri	Angoissé	À l'aise
Agité	Accablé	Enthousiaste	Amer	Anxieux	Amoureux
Agressif	Affecté	Étonné	Blessé	Craintif	Content
Contrarié	Affligé	Émerveillé	Contrarié	Effrayé	Enchanté
Enragé	Anéanti	Impatient	Écœuré	Incertain	Enjoué
Exaspéré	Blessé	Secoué	Froissé	Indécis	Enthousiaste
Froissé	Chagriné	Stupéfait	Intimidé	Inquiet	Euphorique
Frustré	Déçu	Troublé	Irritable	Horrifié	Excité
Furieux	Désappointé		Mépris	Méfiant	Flatté
Haineux	Désespéré			Paniqué	Gai
Hostile	Désolé			Perplexe	Heureux
Impatient	Désorienté			Préoccupé	Passionné
Irrité	Mélancolique			Soucieux	Ravi
	Navré			Terrifié	Réjoui
	Nostalgique			Terrorisé	Satisfait
	Taciturne			Tourmenté	Soulagé
	Vulnérable				

Durant une semaine, notez les émotions ressenties avant et après chaque prise alimentaire.

Mon carnet alimentaire

Heure ? Lieu ? Avec qui ?	Lundi 16 h au bureau
Quoi ? Combien ?	1 tablette de chocolat
Commentaires : faim ? Satiété ? Émotions avant et après manger ? Niveau de faim avant manger ? Repérage de la satiété après manger ?	Je n'avais pas faim, mais j'étais énervée parce que ma collègue m'avait encore fait une remarque rabaissante. Je me suis réfugiée dans la salle de pause et j'ai mangé toute ma tablette de chocolat, cela m'a apaisée sur le moment, mais ensuite j'ai éprouvé une sensation de nausée, j'ai culpabilisé et je me suis sentie mal dans mon corps.

Exercice inspiré du photolangage

Choisissez parmi les photos suivantes celles qui se rapprochent le plus de ce que vous ressentez lorsque vous mangez sans faim.

☐

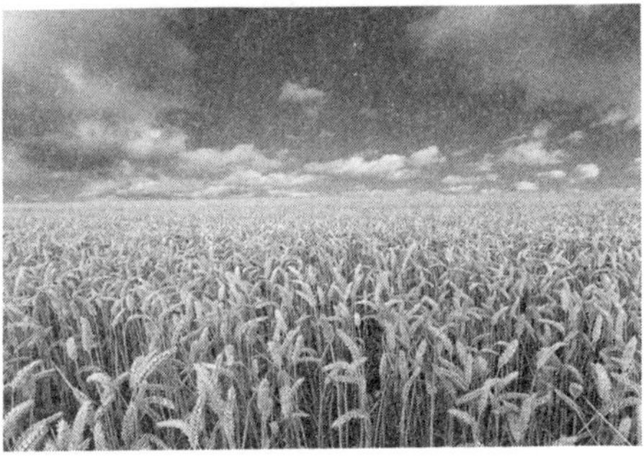

Expliquez pourquoi vous avez choisi cette ou ces photos :

....

....

À quelle émotion cela est-il rattaché ? Notez les premiers mots qui vous viennent en tête lorsque vous regardez ces photos.

....

....

Cela vous aidera à mieux appréhender l'exercice suivant.

Quels sont mes besoins insatisfaits ? Qu'est-ce que je calme en mangeant ?

Je vous invite à scanner le QR code ci-contre, afin de faire le point sur votre météo intérieure… Vous pouvez également utiliser le lien suivant : https://bit.ly/3ymhD1r

Les émotions sont présentes pour nous permettre d'interagir avec notre environnement et elles nous aident à avoir des comportements adaptés aux différentes situations que nous rencontrons, si elles sont vécues normalement. Elles viennent, nous font agir, puis repartent ; et alors notre humeur se régule naturellement.

Mais il est compliqué de réguler naturellement nos émotions (les accueillir puis les laisser repartir) lorsque nos besoins ne sont pas satisfaits. Et souvent, nous mangeons de manière compulsive pour anesthésier ces émotions difficiles à gérer… Nous nous calmons avec nos « aliments plaisir », nous recherchons l'apaisement avec le sucre, le sel ou le gras.

Notez qu'il n'y a pas de mal à apaiser un état émotionnel compliqué avec de la nourriture, à condition de le faire en pleine conscience (nous traiterons la *mindfulness* un peu plus loin), en attendant ensuite le retour de la faim, afin de ne pas nuire à notre organisme.

Il est aussi possible de travailler sur la gestion de nos émotions. Pour vous permettre de mieux gérer vos émotions, nous allons identifier vos besoins non nourris, non satisfaits !

Exercice

Terminez les phrases suivantes.

– Pour me sentir plus épanoui(e), j'ai besoin de..

Par exemple : *me sentir écouté(e).*

– Pour me sentir plus heureux(se), j'ai besoin de..

Par exemple : *avoir davantage de temps pour prendre soin de moi.*

– Pour me sentir plus serein(e), j'ai besoin de..

Par exemple : *partager du temps et des activités avec mes proches.*

– Pour satisfaire mon besoin de.............., je peux mettre en place chaque jour l'action de..

Par exemple : mon besoin *d'indépendance (autonomie) au travail*/l'action de *me réserver des créneaux libres de travail.*

...

…
Comment pourriez-vous répondre favorablement à chaque besoin bafoué ? Quelle est la plus petite action quotidienne que vous pourriez mettre en œuvre ?
Compléter la phrase suivante :
pour satisfaire mon besoin de…………,
je peux mettre en place chaque jour l'action de………………………………………………

« Même un voyage de 1 000 lieues
commence par un pas. »
Lao Tseu

Condensons tout cela dans une *mind map* et construisons-la ensemble.

Entourez au maximum cinq domaines de vie parmi les exemples ci-dessous qui vous paraissent les plus importants parce qu'ils correspondent à vos valeurs.

Famille, couple/amour/vie conjugale, amitié/relations, travail, parentalité, habitat/lieu de vie, santé/vitalité, finances, citoyenneté, spiritualité, loisirs, plaisir, émotions, créativité, évolution de vie…

Représentez schématiquement les domaines de vie que vous avez choisis.

Par exemple :

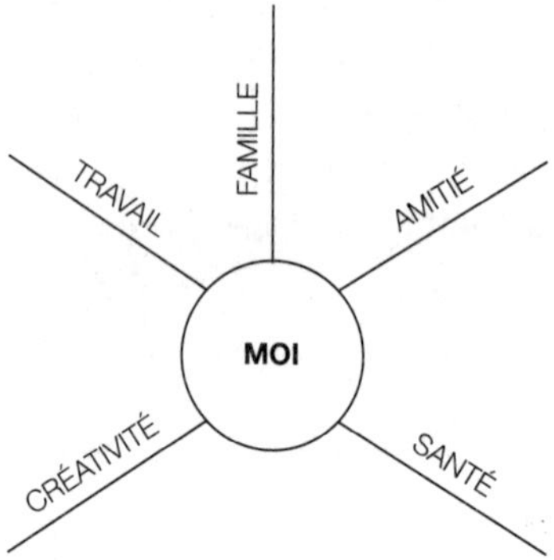

Quelle est la plus petite action quotidienne que vous pourriez entreprendre pour améliorer chacun des domaines que vous avez privilégiés ? Comment mettre en place cette action ? Vous trouverez ci-contre un exemple de *mind map*.

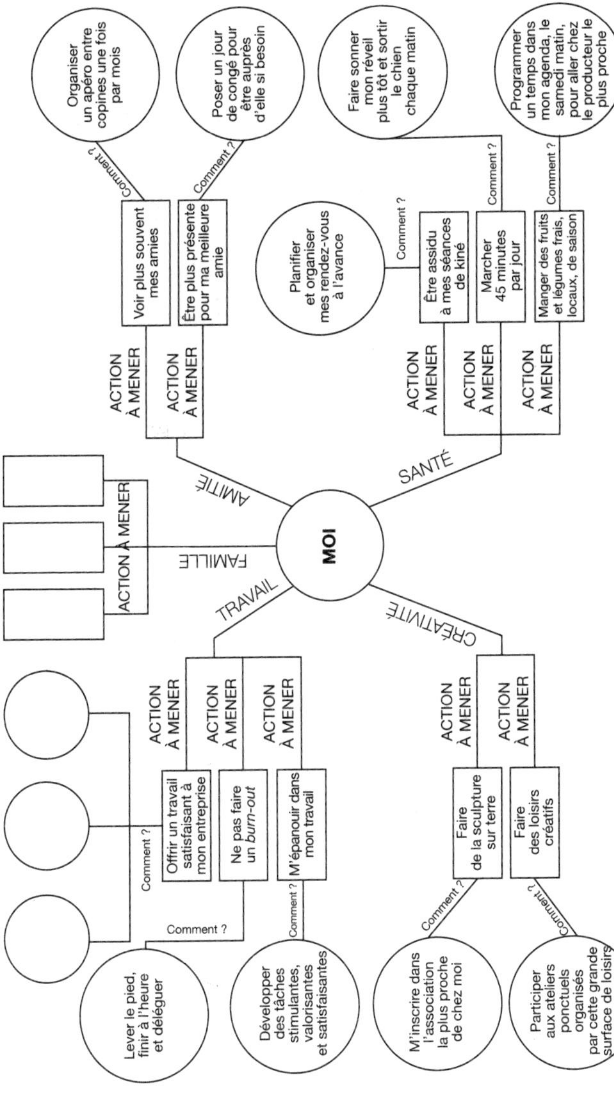
MOI
AMITIÉ
FAMILLE
TRAVAIL
SANTÉ
CRÉATIVITÉ
ACTION À MENER
Voir plus souvent mes amies
Comment ?
Organiser un apéro entre copines une fois par mois
Être plus présente pour ma meilleure amie
Poser un jour de congé pour être auprès d'elle si besoin
Être assidu à mes séances de kiné
Planifier et organiser mes rendez-vous à l'avance
Marcher 45 minutes par jour
Faire sonner mon réveil plus tôt et sortir le chien chaque matin
Manger des fruits et légumes frais, locaux, de saison
Programmer un temps dans mon agenda, le samedi matin, pour aller chez le producteur le plus proche
Offrir un travail satisfaisant à mon entreprise
Ne pas faire un burn-out
Lever le pied, finir à l'heure et déléguer
M'épanouir dans mon travail
Développer des tâches stimulantes, valorisantes et satisfaisantes
Faire de la sculpture sur terre
M'inscrire dans l'association la plus proche de chez moi
Faire des loisirs créatifs
Participer aux ateliers ponctuels organisés par cette grande surface de loisirs créatifs

Vous avez choisi des domaines de vie prioritaires qui correspondent à vos valeurs. Vous avez noté des actions qui vont dans le sens de ces valeurs, dans le sens de ce qui est important pour vous. Lorsqu'on agit dans le sens de nos valeurs, on devient la personne que l'on a toujours eu envie d'être ! On devient une meilleure version de soi-même : on est beaucoup plus confiant ! Les émotions sont alors mieux gérées.

Quelques citations

Cochez les trois citations qui vous parlent le plus.

☐ *« Si tu rencontres un homme de valeur, cherche à lui ressembler. Si tu rencontres un homme médiocre, cherche ses défauts en toi-même. »* Confucius

☐ *« Le bonheur ne se donne pas, il se travaille, il se peine ; plus on attend des autres qu'ils nous donnent du bonheur, plus on court vers la frustration. Mais si l'on y travaille, lentement, parfois même péniblement, un jour on se demandera pourquoi l'on est tant heureux. »* Boris Cyrulnik

☐ *« La vraie valeur d'un homme réside non dans ce qu'il a, mais dans ce qu'il est. »* Oscar Wilde

☐ *« Chacun est responsable de la planète et doit la protéger à son échelle. »* Yann Arthus-Bertrand

☐ *« Je suis né pour être heureux et être aussi bon que je le peux, pas pour être parfait. »* Neymar

☐ *« Avec la réalisation de son potentiel et la confiance en ses capacités, on peut bâtir un monde meilleur. »* Dalaï-lama

☐ *« Les performances individuelles, ce n'est pas le plus important : on gagne et on perd en équipe. »* Zinédine Zidane

☐ *« Les blessures de la vie peuvent nous écraser et nous verrouiller. Elles peuvent aussi nous rendre plus forts et plus ouverts aux autres. Nous n'avons pas choisi de les subir, mais nous sommes libres d'en faire des enclumes qui nous enfoncent, ou des points d'appui qui nous élèvent. »* Frédéric Lenoir

☐ *« La véritable intimité est celle qui permet de rêver ensemble avec des rêves différents. »* Jacques Salomé

☐ *« Prendre soin des autres, partager leurs problèmes, faire preuve de compassion, tel est le*

fondement d'une vie heureuse pour soi-même, pour sa famille, et pour l'humanité tout entière. »
Dalaï-lama

Qu'est-ce que cela dit de vous ? Est-ce que cela parle de vous ici et maintenant ? Ou est-ce que cela correspond à ce à quoi vous aimeriez tendre ?

Quelles sont vos valeurs ? Qu'est-ce qui est important pour vous ?

Qu'est-ce qui donne du sens à votre vie (famille, travail, succès, amour, générosité, audace, aventure, beauté, bienveillance, bonheur, calme, maîtrise, plaisir, performance, résilience, santé, pouvoir, changement, empathie, flexibilité, découverte, réussite, solidarité, accomplissement, simplicité, héroïsme, liberté...) ?

Pour vous éclairer, voici un conte issu des terres berbères.

Un certain art culinaire

Sous le ciel de la ville de Cirta, au temps de sa splendeur numide, régnait un grand roi. Mais il fallut une seule journée d'orgueil et de vanité pour que des intrigants réussissent à le chasser de son trône.
Il arriva un jour dans un royaume, en terre d'Arabie, où il vécut en tant que commis de cuisine. Il apprit vite à mélanger les saveurs

et les subtilités de cet art exquis : rendre heureux les gens par l'explosion du juste goût.
Un jour, le cuisinier officiel du palais tomba gravement malade. Personne n'osa prendre sa place. Alors ce souverain exilé accepta le défi de préparer le repas destiné à la table royale.
Le roi de ce pays mangeait toujours accompagné de sa fille, la belle Kahina. Ce jour-là, en goûtant le plat du souverain déchu, Kahina sentit son corps tout revigoré.
« C'est particulièrement succulent aujourd'hui, Ô Père.
– C'est bon, comme d'habitude, fit le roi d'un air détaché.
– Pourtant, il y a une épice que je ne connais pas, quelque chose de vaste, de subtil… Faisons monter le cuisinier pour vérifier. J'aimerais connaître le nom de cette épice si spéciale. »
Le père accepta sa demande.
« Est-ce ton plat ? demande-t-il.
– Effectivement, déclara le roi en exil. Quelque chose ne va pas ?
– Bien au contraire ! s'écria la princesse. Mon père estime que c'est bon, comme d'habitude. Or, je sens une épice nouvelle qui rehausse chaque goût en particulier et les unit pourtant tous de manière indéfectible… De quoi s'agit-il ? »

Énigme parabolique

Aimez-vous cuisiner ? Quelles sont les épices que vous connaissez et aimez ? Et quelle épice, selon vous, a ce pouvoir de rehausser tous les goûts et de les unir de manière harmonieuse (conte *Un certain art culinaire*) ? Existe-t-elle encore ?

Suite du conte *Un certain art culinaire*

« Cette épice très subtile s'appelle l'amour, Princesse, sourit l'exilé du cœur. C'est la seule force qui sache agir comme tu viens de le décrire si bien… Car si le corps a besoin de nourriture, le cœur a besoin d'amour. » Cette réponse si fine, si subtile, fit chavirer le cœur de Kahina.

Éclaircissement par Malek A. Boukerchi[7] :

« Quand vous menez une action avec amour, alors tout est magnifié. Car toute action sans amour est comme un oiseau sans ailes, elle se fracasse. Savez-vous mettre de la conviction dans vos mots avant de parler ? Savez-vous mettre

8. Malek A. Boukerchi, *Contes à gratter pour découvrir la sagesse de la vie*, Éditions Jouvence, 2015 (épuisé).

la lumière passionnée dans vos yeux avant de regarder ? Savez-vous mettre de la joie dans vos devoirs avant d'agir ? Car si l'amour est le chemin, alors le succès viendra croiser votre destinée. »

Nous pouvons noter que l'amour est l'une des valeurs du personnage : c'est ce qui donne du sens à sa vie et il agit en accord avec ses valeurs, ce qui lui permet de gérer la frustration, la déception et la colère liées à la perte de son trône et à l'exil.

Nous constatons également que nourrir le corps n'est pas suffisant et qu'il est important de nourrir le cœur avec les aliments que nous consommons… Il n'y a donc pas de mal à apaiser nos émotions en mangeant, à condition de le faire en pleine conscience, en étant attentif aux saveurs, aux textures, aux arômes, aux couleurs, aux sons produits par nos aliments lorsqu'ils sont en bouche, ce qui permettra de manger la juste quantité pour nourrir le corps… et le cœur !

À vous de récapituler : listez ci-dessous vos valeurs.

………………………………………………………………

………………………………………………………………

………………………………………………………………

À chaque difficulté identifiée, sa solution – adaptation comportementale

Maintenant que vous avez identifié vos représentations sur l'alimentation, et quels sont vos craquages…

Maintenant que vous savez définir quelle est votre relation avec votre assiette…

Maintenant que vous avez observé et identifié votre comportement alimentaire : à quel moment vous mangez sans faim, et pourquoi vous mangez sans faim…

Maintenant que vous connaissez les liens entre « alimentation et émotions » et que vous savez identifier vos besoins « non nourris » et y répondre par de petites actions quotidiennes, en allant dans le sens de vos valeurs, je vous propose de refaire un point…

Pour chaque cause qui vous fait manger sans faim, proposez en face une alternative comportementale.

Je mange sans faim parce que…	Pour y remédier, je note ce que je peux faire.
C'est l'heure : obligation sociale ou familiale.	Je peux…
Je dois finir l'assiette : difficulté à laisser ou à jeter.	Je peux…
On m'a conseillé de manger une certaine quantité alors je respecte les conseils d'équilibre alimentaire et mange ce qui m'a été conseillé, même si je n'ai pas faim.	Je peux…
La vue de l'aliment a déclenché en moi l'envie d'en manger.	Je peux… *faire une dégustation…*
Ça me réconforte d'une tristesse.	Je peux… *accueillir ma tristesse, identifier mon besoin « non nourri », chercher à y répondre en respectant mes valeurs et faire une dégustation avec mon aliment réconfortant puis attendre le retour de la faim…*
Ça apaise mon stress.	Je peux…
Ça occupe l'ennui.	Je peux…
J'ai peur d'avoir faim plus tard donc j'anticipe et je mange sans faim et au-delà de mes besoins.	Je peux… *m'arrêter à satiété et emmener un aliment de sécurité…*

J'ai peur de manquer, donc dès que l'aliment « rare » est présent, je mange tout jusqu'à ce qu'il n'y en ait plus pour pouvoir penser à autre chose.	Je peux… *réintroduire régulièrement l'aliment tabou… et le manger aux moments où j'ai faim…*
À force de me priver, je finis par tout manger, et je dépasse la satiété.	Je peux…
Après un repas non satisfaisant, il me faut un aliment plaisir pour finir ce repas, même si je n'ai plus faim.	Je peux…
Je suis fatigué, et même si je n'ai pas faim, je cherche de l'énergie dans la nourriture.	Je peux… *m'organiser des moments de récupération…*
J'ai mal quelque part, et manger un aliment plaisir me fait du bien.	Je peux… *prendre un antalgique…*
J'ai soif, mais je n'identifie pas que mon corps a un besoin d'hydratation, et ma première intention est de manger au lieu de boire.	Je peux…

Gestion des envies de manger : recherche du plaisir gustatif ou recherche d'apaisement émotionnel ?

S'il s'agit d'une envie gustative, où l'on a envie de manger un aliment sans faim, mais pour satisfaire le plaisir des **yeux** (couleur, aspect, texture, forme), du **nez** (odeurs), des **oreilles** (parce qu'on entend l'aliment croustiller ou parce qu'on l'entend crépiter dans la poêle), des **mains** (envie de toucher et de sentir sa texture) ou de la **bouche** (goût, arômes, saveurs, textures dans la bouche), alors une dégustation permettra de stimuler vos cinq sens pour vous apporter un maximum de plaisir, avec une quantité adaptée. Il suffira d'attendre la prochaine faim pour manger.

Si **l'envie de manger est émotionnelle**, que la dégustation vous apparaît difficile, et que vous observez des pertes de contrôle, alors les deux outils suivants pourront certainement vous apporter un mieux-être.

Mindful eating : manger en pleine conscience, la méthode des sensations et des émotions

Qu'est-ce que la pleine conscience ?

La pleine conscience ou « *mindfulness* » est une forme de méditation qui consiste à vivre le moment présent, être dans le « ici et maintenant », en prenant conscience de nos émotions, de nos pensées et de nos sensations physiques, sans porter de jugement. Jon Kabat-Zinn, professeur émérite de médecine, est un important contributeur à la diffusion de la « méditation de pleine conscience » dans le monde.

« *Méditer, c'est s'arrêter et être présent, rien de plus.* »
Jon Kabat-Zinn

« *La pleine conscience c'est être pleinement éveillé et percevoir le vif éclat de chaque moment. C'est se sentir plus vivant.* »
Jon Kabat-Zinn

🔊 Je vous invite à pratiquer la méditation de **transition vers la pleine conscience**, en scannant le QR code ci-contre, ou en utilisant le lien suivant : https://bit.ly/3dJEts6

Qu'avez-vous observé ?

En France, c'est le psychiatre Christophe André qui a introduit l'usage de la méditation dans les pratiques de soin.

« La méditation de pleine conscience, c'est à la fois un état d'esprit et c'est une technique spécifique de méditation laïque la plus simple à pratiquer et la plus validée scientifiquement. Les données scientifiques ont montré une diminution du stress, une amélioration de la stabilité attentionnelle, de la concentration et de l'équilibre émotionnel, et un impact sur la santé physique avec des diminutions des niveaux d'inflammation... quand quelque chose est bon pour l'esprit, ça l'est aussi pour le corps. »

Christophe André

En effet, la méditation de pleine conscience est un exercice éminemment physique, elle permet d'observer ce qu'il se passe dans le corps, c'est pourquoi elle est précieuse dans le soin des troubles alimentaires.

Je vous invite à expérimenter la méditation du ***bodyscan***, en scannant le QR code ci-contre ou en utilisant le lien suivant : https://bit.ly/2V9Icc4

Qu'avez-vous observé ?

Lorsqu'on adapte la méditation de pleine conscience (*mindfulness*) au comportement alimentaire, dans le cadre de programmes réalisés en groupe, on observe que les processus actifs d'exposition, de changement cognitif, d'acceptation, de détente permettent aux patients de défusionner par rapport à leur envie urgente de perdre du poids : ils augmentent leur flexibilité, prennent de la distance avec leur problème de poids pour cheminer vers un changement plus profond de comportement alimentaire et un mieux-être global.

Mes observations dans l'exercice de ma profession

La pleine conscience fait appel à la curiosité, à l'esprit du débutant… J'ai constaté chez mes patients une plus grande observation de ce qu'il se passe en eux… Ainsi, ils diminuent leurs attentes et leur niveau d'exigence, ils sont plus confiants et arrivent parfois même à lâcher prise. Leur comportement alimentaire se modifie progressivement et « manger » reprend tout son sens. Lorsque le comportement alimentaire est régulé, on observe une régulation du poids… et les patients indiquent souvent que le plus important pour eux n'est finalement pas la perte de poids, mais réside en réalité dans l'amélioration globale de leur qualité de vie.

Je vous propose d'expérimenter l'exercice de base de **manger en pleine conscience**, en scannant le QR code ci-contre ou en utilisant le lien suivant: https://bit.ly/3ylPxDE

Qu'avez-vous observé ?

Exercice

Interrogez les neuf sortes de faim avant de manger et avant de vous resservir. Qui a faim en vous ?

Sensations alimentaires et envies de manger

Nous avons vu précédemment l'importance des sensations alimentaires: la faim et la satiété, qui se perçoivent en se connectant avec notre corps.

Avant de manger, je vous invite à expérimenter la méditation pour **repérer la sensation de faim**, en scannant le QR code ci-contre ou en utilisant le lien suivant: https://bit.ly/3xjj7JW

Qu'avez-vous observé ?

L'important est d'observer la différence entre **la faim** et **l'envie** de manger. Quels sont vos signaux de faim ?

La satiété (« je n'ai ***plus faim*** ») est le moment du repas où la faim disparaît... Il ne s'agit pas du tout de ressentir la plénitude gastrique, le ventre plein comme lorsqu'on boit un litre d'eau d'un coup !

Exercice

Interrogez votre estomac, avant le repas, pendant, et après le repas : comment est-il rempli ?

Souvent, quand vous arrivez au seuil de satiété, l'envie de manger est encore présente. Cela signifie que le **rassasiement** (« je n'ai ***plus envie*** de manger ») n'est pas encore atteint.

Si nous mangeons en respectant strictement le signal de satiété, il se peut que nous ayons faim rapidement après... Si nous accédons à notre envie de continuer le repas en dépassant consciemment le seuil de satiété pour atteindre le rassasiement, alors il se peut que la prochaine sensation de faim arrive plus tardivement.

Vous pouvez choisir de manger au-delà de la satiété, en respectant vos **envies**, et il suffira de rester curieux et d'observer ce qu'il se passe dans le corps pour percevoir le retour de la faim !

Je vous propose d'expérimenter la méditation du **repas virtuel**, en scannant le QR code ci-contre ou en utilisant le lien suivant : https://bit.ly/3jJBsMk

Qu'avez-vous observé ?

Les personnes pratiquant une écoute bienveillante de leur corps et ayant une connaissance de leurs propres fonctionnements ont la capacité de s'appuyer sur leurs appétits prévisionnels, afin d'arriver avec une petite faim aux heures des repas, et ainsi respecter les obligations sociales et familiales. Elles gèrent naturellement le repas qui précède, comme le font les enfants en gérant leur petit-déjeuner, de façon à arriver au repas de midi avec faim. Et cela se fait sans restriction : la notion de plaisir reste intacte.

Afin d'observer qu'une petite quantité d'un aliment plaisir peut suffire à satisfaire une envie, je vous propose d'expérimenter la méditation de **dégustation du chocolat**, en scannant le QR code ci-contre ou en utilisant le lien suivant : https://bit.ly/3dJogmL

Munissez-vous de votre chocolat préféré.
Qu'avez-vous observé ?

Alimentation et émotions

Les EME, « envies de manger émotionnelles », sont normales. Qui n'a pas filé manger du chocolat après un moment difficile ?

S'autoriser à déguster son aliment réconfortant en pleine conscience, pour s'apaiser, est un mécanisme que l'on retrouve chez tout « mangeur régulé ». Ceux-ci ne remangent ensuite que lorsque la faim est de retour (plus tard).

Lorsque survient une EME et que l'on tente de se priver, de se restreindre, alors l'émotion s'intensifie, l'humeur ne se régule pas, les pensées de nourriture deviennent obsessionnelles et souvent cela débouche sur une compulsion. À cela s'ajoute la culpabilité d'avoir craqué, et cette émotion douloureuse replonge dans un état d'esprit négatif dans lequel la pensée « foutu pour foutu, autant continuer de manger ! » favorise le cercle vicieux de la prise alimentaire.

L'accueil des émotions en conscience (et non le rejet, l'évitement, la lutte ou l'enfouissement) permet de les réguler et de rétablir l'humeur.

Je vous propose d'identifier et d'accueillir vos émotions avant chaque prise alimentaire, avec **l'exercice de la météo intérieure**, en scannant le QR code ci-contre ou en utilisant le lien suivant : https://bit.ly/3ymhD1r

Qu'avez-vous observé ?

Vous pouvez alors accueillir vos émotions pénibles avec bienveillance et choisir de déguster en pleine conscience l'aliment qui vous apporte le plus de plaisir, le plus réconfortant… Si la compulsion vous gagne, plutôt que de vous replonger dans la culpabilité et le trouble du réconfort, pourquoi ne pas vous pardonner et faire une **pause d'autocompassion** en pleine conscience ?

Expérimentez **l'auto-compassion** en scannant le QR code ci-contre ou en utilisant le lien suivant : https://bit.ly/3hC9LSJ

Qu'avez-vous observé ?

Les pensées qui nourrissent les émotions

Petite expérience : observez vos pensées…

a) Lorsqu'une pensée positive traverse votre esprit, quelle émotion ressentez-vous ? Que ressentez-vous dans votre corps ?

b) Lorsqu'une pensée douloureuse se présente à votre esprit, quelle émotion ressentez-vous ? Que ressentez-vous dans votre corps ?

Entre les deux exercices, notez-vous un changement dans la charge émotionnelle de vos pensées ?

Nos pensées négatives (c'est normal d'en avoir !) viennent nourrir nos émotions douloureuses qui, elles, pourraient nous pousser à manger pour nous réconforter…

Pourquoi ne pas laisser passer cette pensée douloureuse, sans s'y accrocher ? Est-elle une vérité absolue ou suis-je dans le jugement ? Est-ce un ordre, une injonction ? Une menace immédiate ? Ici et maintenant ? Est-ce que cette pensée prend toute mon attention ? Cette pensée me gâche-t-elle la vie ? Est-elle utile ? Est-elle vraie ?

Je vous propose d'expérimenter une méditation pour **explorer vos pensées** et vous entraîner à les laisser passer… Scannez le QR code ci-contre ou utilisez le lien suivant : https://bit.ly/3hCqllG

Qu'avez-vous observé ?

Exercice

Lorsque vous mangez, chaque fois que l'esprit s'égare, revenez aux sensations dans la bouche, et focalisez votre attention sur les changements de goûts, de texture et sur les sons produits par vos aliments en bouche.

Le corps

Notre corps a une sagesse, qui est liée à notre esprit. Nos émotions sont ressenties dans notre corps et elles peuvent nous aider à faire de meilleurs choix si nous en sommes conscients.

Pour chaque émotion que nous avons, il y a une réaction chimique qui se produit dans le corps, se manifestant par une sensation physique.

Porter une attention non jugeante à nos émotions et à nos sensations corporelles peut avoir une influence positive sur la façon dont nous prenons soin de nous.

Pour beaucoup de personnes, le corps est un sujet difficile à aborder. Les coutumes, la honte, la peur, le dégoût, les abus physiques, émotionnels, verbaux, ou sexuels, les croyances des parents, la maladie, les croyances religieuses, la pression sociale contribuent au fait que nous sommes insatisfaits de ce corps, qu'il est souvent mal aimé, siège de luttes, et que nous n'en prenons pas suffisamment soin. Cela nous maintient à distance d'une source très précieuse de sagesse.

Pour cesser d'anesthésier son corps en mangeant, pour cheminer vers un peu plus d'acceptation de son corps tel qu'il est ici et maintenant (non pas comme une fatalité, mais pour aller vers un mieux-être corporel), je vous invite à vous reconnecter avec votre corps en lui adressant toute la bienveillance que vous avez dans votre cœur, avec la méditation de **respect et gratitude au corps**.

Scannez le QR code ci-contre ou utilisez le lien suivant : https://bit.ly/3xmoxUr

Qu'avez-vous observé ?

Exercice

Toujours dans cette dynamique de bienveillance avec votre corps, lors des repas, vous pouvez envoyer chaque bouchée de nourriture vers votre MICROBIOTE, comme un parent qui nourrit un enfant.

Pour aller plus loin

Le microbiote intestinal humain, anciennement appelé « flore intestinale » est l'ensemble des micro-organismes peuplant notre système digestif. Chez un individu en bonne santé, l'activité métabolique de ce microbiote en fait l'équivalent d'un organe en part entière. Il a un rôle de protection contre les pathogènes, il synthétise des vitamines, il participe au développement du système immunitaire, il permet au système digestif de fermenter les fibres… Il a des fonctions physiologiques, immunitaires, digestives et métaboliques. En cas de modification des populations bactériennes dans l'intestin, le microbiote peut être associé à des maladies métaboliques (obésité, etc.). Des études scientifiques ouvrent des pistes prometteuses sur l'axe « microbiote/intestin/cerveau », mettant en lumière le rôle de la flore intestinale dans les évènements de signalisation biochimique qui ont lieu entre le tractus gastro-intestinal et le système nerveux central. Des études mesurent les effets de divers probiotiques (micro-organismes vivants de type levure et bactéries) sur l'évolution de différentes pathologies. Plus l'alimentation est diversifiée, plus les sources de fibres sont variées, meilleur est l'état du microbiote.

En quoi la pleine conscience vous aide-t-elle à vous connecter à votre corps ? À en prendre davantage soin ? La pleine conscience est le meilleur assaisonnement que vous puissiez ajouter à votre nourriture ! Alors lorsque vous mangez, ne faites qu'une seule chose : mangez !

Car manger en pleine conscience, c'est se permettre de prendre conscience des choix d'aliments nourrissants qui sont disponibles, en respectant notre sagesse intérieure (appétits spécifiques et besoins physiologiques).

Exercice

Avant de manger, demandez à votre corps de quoi il a besoin, de quel type de nourriture, et en quelle quantité ?
Exemple : lorsque l'on est enrhumé, fatigué, et que nous avons besoin de vitamine C, il se peut que nous ressentions une envie d'agrumes ou de jus... Ou après la période des fêtes de fin d'année, il se peut que nous n'ayons plus envie d'aliments festifs, mais que nous ayons plutôt envie de soupe de légumes...

Manger en pleine conscience, c'est choisir de manger de la nourriture agréable, nourrissante pour le corps et pour l'esprit en utilisant les cinq sens.

Exercice

Utilisez tous vos sens pour manger. Regardez, sentez, écoutez, touchez, goûtez…

Manger en pleine conscience, c'est aussi :

- observer nos sensations lorsque nous mangeons, sans jugement ;
- reconnaître les règles et les conditionnements de notre enfance qui sont encore présents lorsque l'on mange aujourd'hui, et choisir de maintenir ces comportements ou de les changer. *Exemple : le parent qui insiste auprès de son enfant à chaque repas : « Finis l'assiette ! »* ;
- reconnaître les sensations de faim et de satiété, pour guider notre décision de manger, de s'arrêter ou de continuer ;

– accepter qu'il n'y ait pas une bonne ou une mauvaise façon de s'alimenter, mais plutôt une attention à diriger vers son expérience alimentaire du moment, instant après instant ;
– devenir plus conscient de l'interconnexion de la Terre, des êtres vivants, de l'impact des pratiques de cultures sur les ressources… et du rôle positif que chaque être humain peut jouer pour améliorer le déséquilibre de ce système, par ses choix alimentaires et ses modes de consommation, pour que cette évolution personnelle devienne sociétale…

Exercice

Regardez profondément vos aliments, imaginez leur parcours jusqu'à votre assiette et remerciez tous ceux qui ont contribué à votre dégustation.

Bravo, à travers ce chapitre vous venez d'expérimenter la pleine conscience ou *mindfulness*. Qu'avez-vous observé ? Qu'avez-vous ressenti ? Qu'est-ce qui a changé pour vous ?

L'autre outil que je souhaite vous proposer pour retrouver un mieux-être lors des envies de manger émotionnelles est tiré de l'ACT.

ACT : « Thérapie d'acceptation et d'engagement » et estime de soi

ACT (*Acceptance and commitment therapy*) est une psychothérapie appartenant à la troisième vague des TCC, comme la *mindfulness*. Elle a été mise au point par Steven Hayes dont les travaux initiaux remontent à la première moitié des années 1980.

Cette thérapie s'établit dans la méthode scientifique et est en lien constant avec la recherche. Elle s'appuie sur le postulat que la souffrance n'est pas un signe de pathologie, mais est une partie intégrante de l'expérience humaine : les émotions douloureuses s'inscrivent dans le fonctionnement normal de l'esprit et alertent sur ce qui ne va pas.

L'ACT consiste à changer la façon dont on considère nos émotions et nos pensées, à travailler sur l'acceptation, pour sortir de la lutte ou de l'évitement face aux évènements psychologiques perçus comme compliqués.

L'ACT entraîne à devenir plus flexible psychologiquement afin de retrouver tout son potentiel d'action, pour mener une vie engagée qui soit en phase avec nos valeurs, même en présence de pensées/émotions/sensations/souvenirs douloureux.

Je vous propose de réaliser cet exercice de **tolérance émotionnelle** maintenant et de le reprendre lorsque vous rencontrerez une situation où vous ressentirez **une envie de manger pour vous apaiser, sans sensation de faim physiologique.**

Émotions

Identifiez la ou les émotions ressenties.

Par exemple : tristesse ; joie ; peur ; colère ; culpabilité ; frustration ; dégoût ; angoisse ; stress.

Corps

Repérez dans quelle partie du corps elles sont ressenties.

Par exemple : raideur de la nuque, tensions dans les épaules, boule à la gorge, oppression dans la poitrine, nœud au ventre…

Pour vous aider, vous pouvez réaliser un ***bodyscan***. Je vous invite à scanner le QR code ci-contre ou utilisez le lien suivant : https://bit.ly/2V9Icc4

Situation

Trouvez l'évènement/le contexte ayant généré cette ou ces émotions.

Qu'est-ce qui me rend ainsi, pourquoi je ressens cela ?

Pensées automatiques

Identifiez le discours intérieur et les pensées qui surviennent.

Qu'est-ce que je me dis ? Sur quelle fréquence radio est branché mon cerveau au moment où l'envie de manger est apparue ?

Acceptation

Acceptez de tolérer quelques secondes cette ou ces émotions difficiles en respirant.

Vous pouvez télécharger une application de cohérence cardiaque (rendez-vous sur le site de la Fédération française de cardiologie par exemple[9]).

9. Voir : https://fedecardio.org/je-m-informe/des-conseils-simples-pour-reduire-son-stress/ et l'application Petit BamBou.

Changement de perspective :
« défusionner » avec « soi comme contexte »

Quelles sont les **réussites** qui ont jalonné votre parcours de vie (même une toute petite chose de l'enfance) ?

Quelles sont les **ressources** sur lesquelles vous avez su vous appuyer pour accéder à ces réussites ? (Mon courage, ma persévérance, mes capacités relationnelles, la force de mon amour, mes atouts physiques, mes capacités de réflexion et d'analyse, ma capacité à solliciter une aide extérieure et à faire confiance…)

Qu'est-ce que cela dit de positif sur vous ? Quelles sont vos **valeurs** ? Qu'est-ce qui est important pour vous et donne du sens à votre vie ?

Quelles sont vos **qualités** ? Que dit votre entourage ? Demandez-leur…

Quels sont vos **talents** innés ?

Par exemple : vous dessinez naturellement bien, vous cuisinez divinement sans jamais avoir pris de cours de cuisine, vous êtes instinctivement doué dans les relations humaines, vous êtes doué du sens du rythme…

Quelles sont vos **compétences** ?

Qu'avez-vous acquis dans votre vie, à l'aide de cours, d'apprentissages, de travail et d'entraînement ?

Par exemple : la conduite d'un véhicule est une compétence acquise par l'apprentissage, mais elle est rendue plus aisée chez les personnes ayant naturellement le talent de coordination des mouvements !

Qu'est-ce que cet exercice vous dit de positif sur vous ?

Sur quels ressources, valeurs, qualités, talents ou compétences pourriez-vous vous appuyer maintenant pour faire face aux moments difficiles ?

Comment vous sentez-vous désormais ? Quelle est votre météo intérieure (émotions) ? Quelles pensées observez-vous ?

Avez-vous changé la fréquence radio de votre cerveau ? Vous sentez-vous prêt à entrer en action ?

Dégustation

Maintenant que vous êtes apaisé émotionnellement, que vous n'êtes plus dans l'impulsivité alimentaire, que vous êtes prêt à entrer en action (et non pas à subir une compulsion alimentaire), choisissez l'aliment qui vous réconforte le plus, qui vous fait le plus plaisir, et prenez le temps de faire une analyse sensorielle en mettant en éveil vos cinq sens…

Reprenez le protocole de dégustation (voir pages 36 et suivantes) et vous constaterez qu'une quantité de cet aliment moins importante que lors des compulsions vous suffira.

Mon rapport au corps

Comme il est impossible d'aborder le rapport à l'alimentation sans se pencher sur la perception du corps, c'est-à-dire l'image corporelle que nous avons de nous-mêmes, je vous propose d'aborder cette partie sous forme d'exemples.

- **Exemple 1**

Il y a des jours où notre humeur est bonne, où l'on se sent bien, et lorsqu'on se regarde dans la glace, on se dit : « OK, ça va, je ne me trouve pas trop mal ! »

Nous adoptons une vision globale de nous-mêmes. Il y a des jours où notre humeur n'est pas très bonne, où l'on ne se sent pas très bien, et lorsque l'on se regarde dans la glace, on se sent moche, on focalise notre attention sur chaque détail de notre corps qui nous contrarie, on se dit : « Ce bourrelet est énorme… je suis horrible ! » Nous adoptons une vision focalisée. Enfin, rassurez-moi… Ça vous arrive aussi, non ?

Notre humeur agit sur la vision que nous avons de nous-mêmes, globale ou focalisée sur les détails.

Lorsque l'on ressent une insatisfaction corporelle, qu'avons-nous tendance à faire ? On va se dire qu'on attaquera un régime et qu'on arrête désormais de manger du chocolat, au risque de repartir dans la restriction cognitive, dont la frustration engendrée déclenchera à son tour des compulsions alimentaires et donc l'effet yoyo (reprise de poids).

Ne serait-il pas plus juste de travailler sur **l'acceptation du corps** ? Non pas comme une fatalité, mais simplement accepter qu'aujourd'hui mon corps est ainsi et que je mets en place une méthode plus douce pour réguler mon poids. En attendant les résultats, je reste dans le « ici » et le « maintenant » et je valorise mon corps. J'accepte mon corps tel qu'il est, en adoptant une vision globale.

Ne serait-il pas plus juste, plutôt que de se lancer dans un énième régime restrictif, de travailler sur « **comment *réhabiter* mon corps** » ? De me mettre à l'écoute de mes émotions (angoisse, stress, peur) et d'être attentif aux ressentis de mon corps pour mieux l'habiter ?

Différents outils sont à ma disposition pour cela.

- Yoga : pratiquée au sol ou sur *stand up paddle*, cette discipline vise par la méditation et les exercices corporels à réaliser l'unification de l'être humain dans ces aspects physiques, psychiques et spirituels.
- *Équifeel*: discipline équestre basée sur des tests ludiques réalisés à pied, où le participant choisit le niveau de difficulté du parcours et des obstacles pour mettre en valeur sa complicité avec son poney. Le but est de donner à l'homme davantage de compréhension, de réflexion et de ressentis dans ses interactions avec l'animal.
- Surf: perception du schéma corporel.
- Équitation éthologique ou équitation naturelle, dite « des chuchoteurs » : elle peut se pratiquer à pied avec un cheval en liberté. Elle consiste à interagir avec le cheval en utilisant le langage du corps.
- Attelage : pour travailler l'équilibre. L'attelage est composé d'une calèche, de chevaux et d'un meneur, aidé par des

grooms (personnes situées à l'arrière de la calèche aidant à rééquilibrer l'attelage dans les courbes en basculant au moment opportun leur propre poids du corps).

- Pilates : pratiquée au sol ou sur *stand up paddle*, cette méthode a pour but le développement des muscles profonds, l'amélioration de la posture, l'équilibrage musculaire et l'assouplissement articulaire pour un entretien, une amélioration ou une restauration des fonctions physiques. L'exécution des mouvements tient compte du **rythme de la respiration**.

En conclusion de l'exemple 1 : lorsque l'on ressent une insatisfaction corporelle ou lorsque l'on se renvoie une image négative de soi, il est important de…

- s'interroger sur notre état mental du moment et sur nos émotions (avons-nous une vision globale de nous-mêmes ? Ne sommes-nous pas envahis par nos idées fausses et nos croyances ?) ;
- ne pas basculer dans le raisonnement de la restriction cognitive ;
- mettre en place une activité permettant de *réhabiter* le corps.

Je vous propose un autre exemple pour faire le lien entre émotions et insatisfaction corporelle.

• **Exemple 2**

J'essaye un vêtement dans une boutique et la taille est trop petite. Est-ce déjà arrivé à quelqu'un d'autre que moi ? Cela génère un impact important sur le plan émotionnel : c'est une situation stressante qui engendre des émotions difficiles à vivre (honte, culpabilité, déception).

Face à cette insatisfaction corporelle et à ces émotions pénibles, qu'avons-nous tendance à faire ? Pour diminuer ces émotions douloureuses, on se dit que « lundi on attaque le régime » et on repart dans la lutte contre soi-même. On repart dans le cercle vicieux infernal de la restriction cognitive, dont la frustration engendrée déclenchera à son tour des compulsions alimentaires, et donc l'effet yoyo (reprise de poids) et les TCA.

Je vous informe qu'une étude de janvier 2016 démontre qu'il peut y avoir un écart de 10 cm de tissu entre deux vêtements d'une même taille, mais de marque différente. Donc, si vous essayez un vêtement dont la taille est trop petite, plutôt que de ressentir de la honte, de la culpabilité, de la déception et de vous mettre en restriction alimentaire… **changez simplement de boutique !**

La femme française faisant en moyenne une taille 42 (étude clickNdress 2016), avec une dominante pour la morphologie en A, on se rend compte que la femme française est loin de mesurer 1,75 m pour 50 kg, avec une silhouette en 8 comme le présentent les médias ! Notre insatisfaction corporelle est favorisée par la société dans laquelle nous vivons, mais rassurez-vous, une étude sociologique de Martin Tovee de l'université de Newcastle et Viren Swami de l'université de Westminster démontre que les hommes préfèrent les femmes aux formes généreuses.

Conclusion

Bravo !

Vous avez fait preuve de courage pour cheminer au fil de ces pages et mener ce voyage au plus profond de vous-même. Lors de votre lecture, vous avez identifié les comportements alimentaires qui vous posent un problème… Vous avez repéré les prises alimentaires consommées sans faim et au-delà de la satiété qui pourraient être stockées par votre organisme. Vous savez identifier le ou les facteurs déclencheurs de vos « envies de manger » et vous savez être flexible, en vous autorisant à manger en pleine conscience sans culpabiliser.

Vous avez observé les mécanismes de votre esprit et de vos pensées, et vous avez découvert des outils pour gérer les émotions qui vous poussent vers les compulsions… Vous vous êtes également libéré de la restriction cognitive et des régimes (qui ne font qu'augmenter le trouble du réconfort) pour vous offrir la bienveillance dont votre corps a besoin afin de trouver son équilibre.

Au cours de ce cheminement ardu et des expériences proposées dans ce livre, il se peut même que votre rapport au corps ait évolué ! Voyageurs en quête de sagesse, il nous reste 1 000 choses à découvrir sur nous-mêmes, à élucider et à intégrer par la pratique.

« *Soyons reconnaissants à nous-mêmes*
de cette possibilité de nous réapproprier notre vie,
et de profiter librement et avec délices
des bonheurs de l'alimentation. »
Jon Kabat-Zinn

Chers lecteurs, je vous adresse toute ma gratitude pour ces voyages que nous partageons au fil de mes ouvrages… Et n'oubliez pas : vous avez tout en vous !

Sandrine Gabet Pujol

Postface

Le corps comme le temps nous échappent ! Et le corps comme le temps sont étroitement liés, les rendant encore plus complexes à appréhender.

La perte de temps à juger votre quantité consommée n'a que peu d'intérêt. Pour vous donner un exemple, c'est comme si après avoir mis de l'essence dans votre voiture, vous jugiez que vous en avez trop ou pas assez mis. Cela n'a pas de sens, car c'est seulement dans votre façon de rouler que vous allez pouvoir apprécier la distance parcourue. Il n'existe pas de bonne ou mauvaise quantité, mais seulement des durées qui seront plus ou moins longues en fonction de votre repas.

La culpabilité « post-repas » concernant la quantité consommée n'a donc aucune réalité dans le corps humain, car, quelle que soit la quantité, il pourra fonctionner. Mais clairement lorsque l'on se préoccupe de son poids ou de son image corporelle alors les quantités nous semblent être un vrai problème ; une source d'angoisse et donc de la difficulté apparaissent. Simplement car nous sommes dans une problématique de référentiel.

Si vous prenez le poids et non le corps, si vous prenez la quantité et non la durée pour appréhender votre nutrition, alors vous subirez des erreurs non pas de logique, mais de référentiels. Partant du référentiel erroné, votre logique ne peut que vous conduire à l'échec. Non pas par un mauvais raisonnement, mais seulement car le point de départ est faux.

Jauger une quantité de ce que l'on doit manger par rapport à un poids ou à une forme physique est obligatoirement source d'erreurs. En effet, la faim que nous ressentons pour couvrir notre besoin en énergie ne dépend ni du poids ni de l'image du corps, mais seulement de l'état du corps à un instant *t*. C'est ce que j'appelle le contexte du corps. Sortant de ce contexte du corps, vous ne pouvez que rentrer dans l'erreur de référentiel qui aura pour conséquence des souffrances psychologiques. Donc une partie de la souffrance psychologique provient en grande partie de ces interprétations à partir d'un référentiel faux.

Si après la pesée du matin, vous décidez des volumes à manger dans votre journée, arrivé au moment des faims, vous allez à coup sûr mettre trop ou pas assez. Par peur de prise de poids ou par désir de perdre du poids, mettre un peu plus d'aliments pour couvrir votre faim vous sera impossible, sans quoi la culpabilité pointera son nez. C'est donc une « obstination » qui est l'origine de la culpabilité.

Bien, la réponse est facile pour qui n'a pas de difficulté avec son poids et son image du corps. La personne va ajuster sa prise alimentaire par rapport à son ressenti, soit plus pour couvrir mieux, soit moins pour couvrir mieux. Cette souplesse d'adaptation disparaît dans le contrôle du poids et de l'image du corps. C'est précisément ces points que nous tentons de travailler dans le soin diététique.

Cela demande obligatoirement d'être dans une situation personnelle psychologique non problématique, car sans cette stabilité cela devient difficile de s'adapter. La psychologie doit permettre de retrouver cette stabilité pour aider à l'adaptation. En plus de cette stabilité psychologique, cela nécessite de comprendre que le corps fonctionne indépendamment de notre volonté.

Mon point de vue est que l'acte alimentaire est « amoral » et non « immoral », en cela qu'il ne relève pas d'une morale. Si nous pouvons rapidement nous dégager de cette problématique concernant la morale par la philosophie, il nous reste la culpabilité ou le jugement produit par nous-mêmes. Elle est présente chaque fois que nous mangeons. Elle prend naissance et continue à nous faire souffrir tant que nous faisons un lien entre l'alimentation et le poids. Pour répondre à cette souffrance, la psychologie et les évolutions des soins diététiques permettent une amélioration des soins. Par ces soins, nous regagnons notre liberté vis-à-vis de la balance et de l'alimentation, par la diminution des jugements sur nous-mêmes, et en retrouvant souplesse et flexibilité.

En résumé, faire d'abord du corps le contexte, soit la base de la réflexion, plutôt que le poids. C'est seulement par la compréhension du contexte que nous pouvons retrouver une liberté. Avec le corps et le temps, nous comprenons toutes les représentations culturelles erronées. Se sortir des problématiques de l'alimentation, c'est comprendre que le corps nous détermine sur des comportements, et en comprenant ces rouages, nous pouvons alors définir notre éthique de vie. Cette éthique devient un rempart contre l'obstination.

La diététique devient alors un *pharmakon*, au sens de « remède », comme un poison, grâce à la tempérance. Ce livre constitue un outil supplémentaire pour vous accompagner dans ce sens.

Nicolas Sahuc,
Diététicien nutritionniste spécialisé
dans les troubles alimentaires
et l'obésité, Libéral et attaché au CHU
Lapeyronie (Montpellier) et à la clinique
Le Château (Garches), Master 2
en philosophie pratique, mention éthique
médicale et hospitalière.